LES VOYAGEURS FRANÇAIS
À ARGOS

ÉCOLE FRANÇAISE D'ATHÈNES

———

SITES ET MONUMENTS XI

LES VOYAGEURS FRANÇAIS À ARGOS

par

Michel SÈVE

ÉCOLE FRANÇAISE D'ATHÈNES
6, rue Didotou, 106 80 ATHÈNES
Dépositaire :
DIFFUSION DE BOCCARD
11, rue de Médicis, 75006 PARIS

ISBN 2-86958-063-0

PRÉFACE

Michel Sève a réalisé un important travail sur les *Voyageurs à Argos, XVIᵉ-XIXᵉ s.* (Mémoire présenté à l'Académie des Inscriptions et Belles-Lettres, 1979) ; ce travail, qui réunit l'ensemble de la documentation, est consultable à l'École française d'Athènes. Dans ce mémoire, comme dans la plaquette que nous publions aujourd'hui, l'auteur arrête son enquête avec les premières fouilles archéologiques de W. Vollgraff, soit au début du XXᵉ s. Est-ce à dire qu'il n'y eut plus de voyageurs à Argos, ou que leur récit fut sans intérêt ? Non, sans doute. Pourtant l'avènement d'une archéologie scientifique transforma totalement les rapports aux monuments : le récit de voyage, aussi intéressant fût-il, céda le pas devant l'article scientifique. Et surtout, en entreprenant des fouilles, l'archéologue acquit le monopole de la découverte des monuments antiques : le voyageur appartint dès lors à l'univers du tourisme et ne fit plus partie de celui de la science. La coupure est donc bien justifiée.

Le choix de la documentation, réduite aux seuls voyageurs français, pourrait surprendre : les Français ne sont ni les seuls à être passés par Argos ni, nécessairement, les plus perspicaces dans leur évocation des monuments anciens. M. Sève a dû, sur ce point, répondre aux exigences d'une commande. Je lui ai en effet demandé de composer cette plaquette à l'occasion d'une exposition qui voulait évoquer deux siècles d'amitié franco-argienne (Argos, mai 1993). Cette exposition, co-financée par l'École française d'Athènes et par la mairie d'Argos, a été présentée lors des fêtes célébrant le jumelage entre Argos et Abbeville. Cela explique que seuls les voyageurs français aient été à l'honneur. En même temps, ce texte a été conçu comme un catalogue d'exposition : c'est pourquoi à une introduction générale succède la présentation d'une série de documents.

Cette plaquette donne une juste idée du triple intérêt des recherches concernant les voyageurs : elles intéressent la préhistoire de la discipline archéologique, elles permettent de rassembler une documentation sur l'état ancien des monuments d'Argos et elles révèlent l'attitude des siècles passés face aux antiquités de la Grèce.

Je saisis également ici l'occasion de rendre hommage à A. Pariente qui a non seulement mené à bien l'exposition, mais préparé aussi la maquette de cet opuscule.

Roland ÉTIENNE
Directeur de l'École française d'Athènes

VOYAGES ET VOYAGEURS

Le mouvement de redécouverte de la Grèce dès la fin du Moyen Âge est une conséquence du mouvement plus général de redécouverte de l'Antiquité, avec ce qu'on appelle l'Humanisme et la Renaissance. Le premier voyageur de cette époque pionnière est le célèbre Cyriaque d'Ancône (vers 1392-1452), qui voyageait surtout pour ses affaires et en profitait pour satisfaire sa curiosité d'antiquaire. Quoiqu'il soit allé un peu partout dans le monde grec, il ne semble pas être passé à Argos. Il a bien voyagé en Argolide en 1448, mais paraît avoir traversé le golfe de Nauplie en bateau. D'Argos, il aura vu, et de loin, la silhouette de la Larissa. Au siècle suivant, où déjà les voyages se développent, on ne trouve d'Argos qu'une seule mention :

1. Vers 1550, Jean CHESNEAU, secrétaire de M. d'Aramon, ambassadeur du Roi en Levant, ne fait qu'une allusion à Argos, notant la petitesse de la ville et le caractère désert du pays.

> *Le voyage de Monsieur d'Aramon, ambassadeur pour le Roy en Levant, escript par noble homme Jean* CHESNEAU, *l'un des secrétaires dudit seigneur ambassadeur, publié et annoté par* Ch. Schefer, Paris (1897), p. 158-159.

Pourquoi ce silence, quand existent déjà tant de récits intéressants et importants concernant d'autres régions du monde grec ? C'est qu'Argos se trouve à l'écart des routes et des itinéraires normaux de l'époque. Ce n'est pas un port de mer. Et que l'on aille à Constantinople (cause de voyage la plus fréquente) ou à Jérusalem (les pèlerinages sont aussi une raison normale de voyager), le chemin ne passe pas par là. Pour aller à Argos ou dans le Péloponnèse, il faut le vouloir, donc avoir une raison de le faire. Personne ne semble en avoir eu avant le milieu du XVIIᵉ siècle. Les premières descriptions connues pour Argos sont celles du voyageur turc Evliyâ Çelebi (1611-1684), passé à Argos en 1668, et l'année suivante celle d'un voyageur français, M. de Monceaux. On ne sait pour quelle raison il eut à voyager entre 1667 et 1669 dans plusieurs régions de l'Orient. On sait qu'il a visité l'Égypte, l'Arabie, la Terre Sainte, et qu'il était à Alep en juin 1668. Mais à cette occasion, Colbert, le grand ministre du roi Louis XIV, le chargea d'acheter médailles et manuscrits pour la bibliothèque du roi : la passion de la collection sera, aux XVIIe et XVIIIe siècles, une grande cause de voyages dans ces régions.

2. Fin juin 1669, M. DE MONCEAUX, trésorier de France à Caen. Le texte de ce voyageur est riche de renseignements :

«Argos n'est plus qu'un village de quelque 300 maisons, bâties des ruines des palais des Argiens, les colonnes, les frises, les architraves de marbre, ayant été employées en guise de pierre. Le château est fort élevé. On rencontre en chemin le temple d'Apollon Diradiotis [il s'agit du nymphée de la Larissa]. Il était de brique, incrusté de marbre, et terminé en rond. Au fond est une grande niche, au-dessus d'un autel. Dans cette niche se voit un trou. J'y montai, et trouvai qu'il répondait à un petit corridor taillé dans la roche à laquelle le temple est adossé. Ce corridor a 2 1/2 pieds de large sur 15 de longueur ; le temple a 16 pieds de large sur 26 de profondeur. Il était ouvert par devant. On y montait par plusieurs étages, avec une plate-forme ou terrasse, qui pouvait être ornée de colonnes détachées sur l'angle droit. De cette terrasse je découvris un petit bas-relief fort usé, et même dont les têtes sont effacées à dessein. On y voit une figure assise dans un trône ou siège, et derrière, une autre figure sur un trépied.

On ne peut distinguer les ruines du temple de Minerve ni celles du *stadium*, qui, par un côté, était appuyé au pied de la montagne. En tirant vers le Nord, on trouve, sur le haut et au milieu de la montagne, les ruines de plusieurs maisons bâties des démolitions de plusieurs édifices anciens. Les murailles du château sont toutes d'une pierre qui égale le marbre en beauté ; et comme celle du pays est grise, elles ont été prises sans doute dans les démolitions.

Le château est sur une roche qui se détache d'une croupe de montagne plus éloignée et dont il n'est point commandé. Au bas de la montagne, à 200 pas au Sud, est l'amphithéâtre, mais tout ruiné ; il n'en reste que les degrés taillés dans le roc, pour servir d'assise aux marches de pierre blanche qui posaient dessus. A un jet de pierre sur la gauche est un grand temple dont il ne reste pas un morceau d'architecture. On n'y voit qu'un corps de brique, deux murailles et le fond qui finissait en demi-lune et qui, par dehors, était fini en fronton. Il semble que ce devait être le temple de Vénus, que Pausanias met près du théâtre [il s'agit en fait des thermes]. A l'Est de ce temple est un grand espace rempli de sépultures. Sur la gauche, en tirant vers les montagnes de Laconie, on trouve encore d'autres ruines, mais on n'y voit aucune inscription. A 200 pas à l'Est de l'amphithéâtre, en traversant le cimetière, on trouve un dôme de douze pieds appuyé sur six colonnes de marbre blanc qui pourrait avoir été un arc de triomphe. Pas loin de là sont des puits, qui peut-être sont un reste de ceux des Danaïdes.»

Voyages de Corneille LE BRUYN par la Moscovie, en Perse et aux Indes orientales ... avec ... l'extrait d'un voyage de M. DES MOUCEAUX qui n'avait point encore été imprimé. A La Haye, chez P. Gosse et J. Neaulme, MDCCXXXII, tome V, p. 474-477. Lettre de M. DE MONCEAUX publiée par H. OMONT, *Missions historiques françaises en Orient aux XVII⁰ et XVIII⁰ siècles*, Paris (1902), p. 1195-1200.

La visite de M. de Monceaux est une chance ; elle ne résulte d'aucun projet systématique. On sait que le marquis de Nointel, ambassadeur à Constantinople, qui a visité Athènes quelques années plus tard, n'est pas allé jusque dans le Péloponnèse.

Une raison d'aller dans le Nord-Est du Péloponnèse fut bientôt fournie par la République de Venise. En effet, de 1686 (Nauplie est assiégée et prise en juillet-août de cette année) à 1715, elle occupa le Péloponnèse — la Morée, comme on disait alors, et Nauplie était sa capitale. Plusieurs de ses soldats, vénitiens ou étrangers, ont publié des récits, et parmi eux un Français dont on sait peu de choses :

3. En 1691 ou peu après, MIRABAL, officier français «né sur les bords de la Garonne», sorti du royaume en 1691 pour se mettre au service de la République de Venise.

«Lorsque je fus arrivé à Argos, je trouvai que ce n'était plus qu'un gros village ruiné, avec peu de restes d'antiquité. Il y paraît encore une porte faite de deux arcades posées en croix, qui formaient quatre ouvertures ; l'une était sans doute l'issue de la ville, et les trois autres l'entrée de trois rues. Il y a les vestiges d'un temple de Junon [les thermes ?] et ceux d'un colisée, bien moins considérable que celui de Rome, quoi qu'il soit taillé dans le roc et que tout cet ouvrage paraisse naturel.»

Voyage d'Italie et de Grèce, avec une dissertation sur les bizarreries des opinions des hommes. A Paris, chez Jean Guignard (1698), p. 60-63.

La campagne de 1715 qui voit les Turcs reconquérir la Morée donne à un autre Français l'occasion de passer par Argos :

4. Le 10 juillet 1715, Benjamin BRUE, interprète à l'ambassade de France à Constantinople, accompagnait l'armée ottomane dans sa campagne contre les Vénitiens. Il voit à Argos surtout le château, et des ruines des remparts.

Journal de la campagne que le grand Vesir Ali Pacha a faite en 1715 pour la conquête de la Morée. Paris, Ernest Thorin (1870), p. 22-23.

Dans la première moitié du XVIII⁰ siècle, Argos passerait pour oubliée, s'il n'y avait deux visiteurs français :

5. Entre 1718 et 1721, M. DE PELLEGRIN ne mentionne que le bon état du château et la petitesse de la ville.

Relation du voyage du sieur DE PELLEGRIN *dans le royaume de la Morée, ou Recueil historique de ce qui s'est passé de plus remarquable dans ce royaume depuis la conquête que les Turcs en ont fait sur les Vénitiens.* A Marseille, chez Jean-Baptiste Roy (1722), p. 47.

6. Automne 1729, Michel FOURMONT (1690-1746), voyageant avec son neveu Claude-Louis Fourmont pour le compte de la Bibliothèque du Roi afin d'acheter des manuscrits. Le texte de ce voyage et les dessins qui ont été pris sont commentés ci-dessous, dans la notice correspondante du catalogue.

Le matériel de ce voyage est inédit. Voir à Paris, Bibliothèque Nationale, Département des Manuscrits, *Nouvelles acquisitions françaises* 1892, 175^v-191 ; *Supplément grec* 295, 420-422^v ; *Supplément grec* 930, 47^v-50.

Dès le milieu du siècle, les visiteurs se succèdent à Athènes. Mais c'est en fait dans le dernier quart du siècle que reprennent les visites à Argos, et on peut voir à ce retard un signe de l'isolement de l'Argolide. Il y a d'abord les membres de l'entourage du comte de Choiseul-Gouffier. On sait que pour réunir les matériaux de son *Voyage pittoresque*, il avait mis à contribution plusieurs artistes et savants qui voyageaient pour son compte, et il avait réuni tout un cercle d'hellénistes et de savants à l'occasion de son ambassade à Constantinople (1786-1789) :

7. Le 10 octobre 1780, FOUCHEROT (mort en 1813). Futur membre de l'Institut national pour l'architecture, alors au service du comte de Choiseul-Gouffier. Il voyageait avec le peintre Louis-François Sébastien FAUVEL (1753-1838), futur consul à Athènes et antiquaire bien connu.

Le texte du voyage de Foucherot est conservé à la Bibliothèque Gennadios (Athènes). Le passage sur Argos est publié par C. G. LOWE, *Hesperia* 5 (1936), p. 217 note 1. Le texte de Fauvel ne fait que nommer Argos, mais on connaît de lui deux dessins d'Argos.

8. En 1782, Louis-François CASSAS (1756-1827). Peintre et dessinateur, cet artiste était lui aussi au service de Choiseul-Gouffier. On connaît de lui quatre dessins pris à Argos (voir ci-après la notice du catalogue).

9. Mai 1785, Jean-Baptiste-Gaspard D'ANSSE DE VILLOISON (1750-1805). Helléniste réputé, il voyageait aussi pour chercher des manuscrits. Il évoque le prétendu palais d'Hélène à Argos, en fait les thermes du théâtre, et parle des circonstances de la découverte de l'inscription *IG* IV 597 lors de la construction d'un *khani*.

Mémoire sur quelques inscriptions inconnues ou publiées inexactement, extrait de la relation du voyage littéraire fait dans le Levant, dans *Histoire de l'Académie Royale des Inscriptions et Belles-Lettres* ..., tome 47. A Paris, de l'Imprimerie impériale (1809), p. 312 et 329.

Si ces matériaux n'ont été que bien peu utilisés, ils montrent un esprit de système nouveau à cette époque, mais qui va se développer. C'est cependant aux voyageurs anglais que revient à cette époque la part prépondérante. La société des Dilettanti, club de riches aristocrates amateurs d'art et d'antiquités, fondée à Londres en 1733, joue un rôle important dans le financement de plusieurs voyages, en particulier ceux de Chandler, qui visita Argos, et de Stuart et Revett, qui n'y allèrent pas. Ajoutons que la période de troubles liés à la Révolution française et à ses suites n'a guère favorisé les voyages en Grèce, du moins dans un premier temps. On peut néanmoins citer pour les dernières années du siècle deux visiteurs français :

10. En 1799, François-Charles-Henri POUQUEVILLE (1770-1838). Médecin, futur consul à Jannina, prisonnier en Morée en 1798, il passa à Argos en 1799 sur le chemin de Constantinople où il devait être incarcéré. Il y fit un second voyage en 1815 : il s'y trouvait au moment où y fut connue la nouvelle du débarquement de l'île d'Elbe et du retour en France de Napoléon. Il évoque une ville sans ordre, peuplée aux trois quarts de Grecs, pour la plupart charretiers ou maquignons, un château, quelques bas-reliefs ou inscriptions effacées, et au Sud une grande muraille (sans doute les thermes). En 1815, il parle plutôt de la désolation d'Argos, de sa mosquée et de sa médressé, et copie plusieurs inscriptions.

Voyage en Morée, à Constantinople, en Albanie, et dans plusieurs autres parties de l'Empire ottoman, pendant les années 1798, 1799, 1800 et 1801 ... Paris, chez Gabon et Comp. (1805), tome I, p. 495-497.
Voyage de la Grèce... Deuxième édition revue, corrigée et augmentée. Paris, chez Firmin Didot père et fils (1826-1827), tome V (1827), p. 199-213.

11. Avant 1803, Esprit-Marie COUSINÉRY (1747-1833). Nommé consul de France à Salonique en 1783, il fut révoqué en 1793, mais ne rentra en France que dix ans plus tard. Réintégré dans son poste en 1814, il y resta jusqu'en mai 1818. Son passage à Argos n'est connu que par l'esquisse d'une carte de l'Argolide dressée par Barbié du Bocage sur ses indications, et conservée à la Bibliothèque Gennadios (voir ci-après la notice du catalogue).

Dans les premières années du XIXᵉ siècle se déroulent certains des voyages les plus intéressants dans ces régions, et ce sont surtout des voyages anglais : nommons Dodwell, Gell (dont le premier voyage est financé par les Dilettanti), Leake surtout, qui visitait la Grèce pour des raisons militaires au moins autant qu'archéologiques. Mais en même temps, le voyage en Grèce devient à la mode. Les jeunes Anglais fortunés complètent leur formation par le Grand Tour qui inclut souvent la Grèce. C'est l'origine d'un certain nombre de récits où la curiosité est plus superficielle, moins soutenue par le désir de voir le cadre concret de la culture classique. C'est ainsi, je crois, qu'il faut comprendre le voyage de Chateaubriand qui, a-t-il dit, « allait chercher des images, c'est tout ». En fait il était informé (à propos d'Argos, il cite Pellegrin, Fourmont et Chandler), mais ne consacrait à ce qu'il voyait qu'une attention distante.

12. Le 20 août 1806, François-René DE CHATEAUBRIAND (1768-1848). Son *Itinéraire de Paris à Jérusalem* est célèbre, mais s'attira d'aigres critiques du médecin Avramiotti qui l'avait hébergé à Argos. Il semble avoir manifesté un intérêt superficiel pour ce qu'il voyait : le premier des touristes.

> *Itinéraire de Paris à Jérusalem et de Jérusalem à Paris en allant par la Grèce et en revenant par l'Égypte, la Barbarie et l'Espagne.* Paris, Le Normant (1811), p. 128-132.

C'est de cette époque que date le voyage d'un cercle d'amis qui ont beaucoup contribué à la connaissance des antiquités grecques : l'architecte anglais C.-R. Cockerell, les allemands K. Haller von Hallerstein et O.-M. von Stackelberg ; les deux premiers ont visité Argos en 1811 et 1812 et y ont beaucoup dessiné. Fécondes années pour la connaissance de l'Argolide et du Péloponnèse ! Mais, probablement en raison des guerres de l'Empire, il n'y a guère de contribution française à ce mouvement. Ce n'est qu'après la chute de Napoléon que l'on revoit des Français en Argolide, et il s'agit d'abord de deux diplomates, agissant dans le cadre de leurs fonctions :

13. En 1817, Louis-Auguste FÉLIX DE BEAUJOUR (1765-1836). Consul à Salonique de 1794 à 1799, il voyagea à Argos au début du XIXᵉ siècle, puis y retourna en 1817 à l'occasion d'une inspection (il était alors inspecteur général des consulats et établissements français du Levant). Il y mentionne surtout la citadelle en ruines, l'aqueduc et le théâtre.

> *Voyage militaire dans l'empire othoman.* Paris, F. Didot, Bossance père, Delaunay (1829), tome I, p. 6.

14. En septembre 1820, le comte Louis Jean André Charles DE
MARCELLUS, né en 1795, secrétaire d'ambassade à Constantinople
depuis septembre 1815. Il consacre l'année 1820 à visiter les
échelles du Levant et les établissements de Palestine, et c'est au
cours de ce voyage qu'il acquiert, le 25 mai, la Vénus de Milo. A
Argos, il voit le château, le théâtre, et visite l'école.

> *Souvenirs de l'Orient, par le vicomte DE MARCELLUS.* Paris, Debécourt (1839),
> tome II, p. 392-396.

A partir de 1821, les événements politiques et militaires liés à la
révolution grecque et à la conquête de son indépendance par ce pays y
attirent un grand nombre de voyageurs d'un type nouveau : les militaires et les philhellènes sympathisants qui viennent aider les insur-
gés. Beaucoup parmi eux passent par Argos et y consacrent quelques
lignes, à cause du rôle de l'Argolide comme champ de bataille (Argos a
été détruite en 1821, 1822 et 1825), puis de l'installation du gouvernement à Nauplie. Cette contribution est naturellement internationale,
mais on y rencontre un certain nombre de Français :

15. En 1822, Louis DE BOLLMANN, lieutenant d'artillerie, ne jette
qu'un coup d'œil professionnel sur la ville d'Argos, en ruines et
occupée par les Maniotes.

> *Remarques sur l'état moral, politique et militaire de la Grèce, écrites sur les
> lieux par Ls DE BOLLMANN, officier d'artillerie, pendant l'année 1822.* Mar-
> seille, des imprimeries réunies de Carnaud et Simonin [s.d.], p. 12-13.

16. Du 26 au 29 avril 1822, Philippe JOURDAIN, «capitaine de
frégate de la marine royale, colonel au service du gouvernement
grec». C'est le type des officiers occidentaux venus soutenir la
Révolution grecque. Il y joua un certain rôle, d'abord comme
marin, puis dans des négociations sans résultat menées avec
l'Ordre de Malte. Il fut exilé de Grèce le 26 août 1825 pour s'être
opposé à la faction anglaise.

> *Mémoires historiques et militaires sur les événements de la Grèce, depuis 1822
> jusqu'au combat de Navarin.* Paris, Brissot-Thivars (1828), tome I, p. 12-13
> et 16-20.

17. En 1825, H. LAUVERGNÉ, auteur d'un livre sur l'expédition
d'Égypte en Morée, passe très rapidement à Argos qu'il ne juge
que d'un point de vue militaire.

> *Souvenirs de la Grèce pendant la campagne de 1825, ou Mémoires historiques et
> biographiques sur Ibrahim, son armée, Khourchid, Sève, Mari et autres géné-
> raux de l'expédition d'Égypte en Morée.* Paris, chez Avril de Gastel, libraire-
> éditeur (1826), p. 185.

18. Le 19 mars 1829, Alexandre DUHEAUME, capitaine au 58ᵉ régiment d'infanterie de ligne, passe à Argos qui le frappe par la fertilité de ses champs de blé, et la culture du coton et du tabac. Il y voit surtout un régiment de chasseurs lanciers.

> *Souvenirs de la Morée pour servir à l'histoire de l'expédition française de 1828-1829.* Paris, Anselin (1833), p. 75.

Mais du point de vue qui nous occupe, la contribution majeure est naturellement celle de la Mission scientifique de Morée, envoyée en 1829 à la suite du corps expéditionnaire du général Maison arrivé dès l'année précédente :

19. C'est dans le courant de 1829 que les membres de l'expédition scientifique de Morée passent à Argos en ordre dispersé, d'abord Edgar QUINET le 1ᵉʳ avril, puis le colonel BORY DE SAINT VINCENT, M. E. PUILLON BOBLAYE, enfin les membres de la section d'architecture dirigée par Abel BLOUET, le 15 juillet. Pour le détail de leurs travaux et de leurs résultats, qui ont fait entrer la connaissance d'Argos dans l'ère scientifique, voir ci-après la notice du catalogue.

> *De la Grèce moderne et de ses rapports avec l'antiquité. Par Edgar QUINET...* Paris, chez F. G. Levrault (1830), p. 230-236.
> *Expédition scientifique de Morée, ordonnée par le gouvernement Français. Architecture, Sculpture, Inscriptions et vues du Péloponnèse, des Cyclades et de l'Attique, mesurées, dessinées, recueillies et publiées par Abel BLOUET, archilecte...,* Amable RAVOISIÉ *et* Achille POIROT, *architectes,* Félix TRÉZEL, *peintre d'histoire, et* Frédéric DE GOURNAY, *littérateur.* Deuxième volume. A Paris, chez Firmin Didot frères, libraires (1833), p. 90-92 et pl. 56-60.
> *Recherches géographiques sur les ruines de la Morée, par M. E. PUILLON BOBLAYE... faisant suite aux travaux de la Commission Scientifique de Morée.* Paris, F. G. Levrault, libraire-éditeur (1835), p. 43-44.
> *Relation du voyage de la Commission Scientifique de Morée dans le Péloponnèse, les Cyclades et l'Attique, par J. B. G. M. BORY DE SAINT VINCENT.* Paris et Strasbourg, F. G. Levrault (1836-1838), tome II, p. 395-406.

Le gouvernement grec resta à Nauplie jusqu'au transfert de la capitale à Athènes en 1835, et sa présence continua à favoriser les visites dans la région, d'autant plus qu'une garnison française continuait de résider dans le Péloponnèse.

20. En juin 1830, le jeune historien Joseph POUJOULAT (1808-1880), qui voyage avec le journaliste et biographe Joseph MICHAUD (1767-1839), visite Argos où il voit surtout la citadelle, le théâtre, les thermes qu'il prend pour une église, et l'église Saint Jean-Baptiste.

> *Correspondance d'Orient, 1830-1831. Par M. [Joseph] MICHAUD et M. [Joseph] POUJOULAT.* Paris, Ducollet (1833-1835), tome I, p. 102-112.

21. En 1831, Henri CORNILLE traversa rapidement Argos, arrivant de Nauplie où il avait assisté à l'assassinat de Capodistrias ; il ne fait que des allusions à la ville.

> *Souvenirs d'Orient, par Henri* CORNILLE. *Constantinople-Grèce-Jérusalem-Égypte.* Deuxième édition. Paris, Arthus Bertrand (1836), p. 171.

22. En 1831, l'officier de marine Lucien DAVESIÈS DE PONTÈS (1806-1859) passe à Argos où il reçoit l'hospitalité de Kallergi dont il juge la maison «remarquable par son élégance». Il y voit le théâtre et les thermes, et souligne le développement de la ville moderne dont l'avenir lui paraît plus prometteur que celui de Nauplie.

> *Études sur l'Orient... Seconde édition.* Paris, Michel Lévy Frères (1865), p. 109-110.

23. En 1833, le sous-intendant militaire J.-L. LACOUR se trouve à Argos avec son unité lors du grave affrontement qui oppose le 16 janvier «une foule de palicares» et les troupes françaises. L'essentiel de son texte est consacré à cette affaire. La caserne «a été mise en état de soutenir une attaque sérieuse, des meurtrières et des embrasures ont été pratiquées sur tout son contour». La maison Kallergi est «la seule qui soit habitable». Il évoque les ruines d'Argos qui offre «le spectacle d'une récente destruction», mais ne parle de rien d'autre.

> *Excursions en Grèce pendant l'occupation de la Morée par l'armée française dans les années 1832 et 1833.* Paris, Arthus Bertrand (1834), p. 245-287.

24. En mai 1833, le médecin Jean GIRAUDEAU DE SAINT-GERVAIS (1802-1861) évoque encore la même affaire, et dit avoir été témoin de «l'incendie de la belle caserne bâtie par Capo d'Istrias». La ville a «l'aspect d'une foire ou d'un camp retranché», parce que ses habitants «ont pour toute demeure des cabanes construites en terre étayée par des planches». Il voit aussi le théâtre, et les ruines des thermes qu'on lui dit être un tribunal, ce qu'il refuse : «Rien n'autorise à soutenir cette opinion, que quelques souterrains que l'on assure avoir été des prisons.»

> *L'Italie, la Sicile, Malte, la Grèce, l'Archipel, les Iles Ioniennes et la Turquie. Souvenirs de voyage historiques et anecdotiques.* Paris, chez l'auteur, Delaunay, Bohaire etc. (1835), p. 236-239.

Mais les visiteurs de l'Argolide sont, de plus en plus, des Allemands : la désignation d'un prince bavarois, le futur roi Othon, au

trône de Grèce, avait favorisé leur venue et, pour le deuxième quart
du siècle, ce sont eux qui fournissent les contributions les plus riches à
la connaissance d'Argos. Parmi eux, il faut nommer en première ligne
L. Ross, futur éphore général des antiquités de la Grèce. Mais c'est à
partir de cette époque qu'on voit apparaître une distinction de plus en
plus nette dans la littérature de voyage entre deux types d'ouvrages
bien souvent réunis jusqu'alors : d'une part les travaux d'archéo-
logues professionnels, souvent un peu secs (et parmi ces derniers, rele-
vons le nom de deux membres de l'École française d'Athènes, Charles
Benoît et Alexandre Bertrand), de l'autre des impressions de voyage,
où c'est l'atmosphère de la Grèce que l'on recherche, plus que ses
antiquités. Ceux des auteurs qui éprouvent le besoin d'en parler le
font en quelques lignes, en démarquant leurs prédécesseurs, ou en
accumulant les paraphrases d'auteurs anciens. En fait, c'est la ville
d'Argos qu'ils peuvent contribuer à évoquer, mais d'une façon fugi-
tive : on ne trouve plus dès lors de descriptions étendues, et les dessins deviennent beaucoup plus rares.

25. En 1839, Adolphe DIDRON (1806-1867), l'un des fondateurs
de l'étude des monuments chrétiens et de ceux du Moyen Âge, ne
fait que mentionner la chapelle du château et l'église du cimetière.

«Voyage dans la Grèce chrétienne», *Annales archéologiques* 1 (1844), p. 48.

26. En juillet 1841, Jean-Alexandre BUCHON (1791-1846), esprit
encyclopédique, qui travaillait alors sur la Grèce du Moyen Âge,
visite Argos où il voit les thermes et le théâtre, mais où il s'intéresse surtout à la forteresse. Il y exécute aussi un dessin.

*La Grèce continentale et la Morée. Voyage, séjour et études historiques en 1840
et 1841...* Paris, Charles Gosselin (1843), p. 383-385.

27. Le 18 septembre 1843, les Lyonnais Antoine-Marie CHENA-
VARD (1787-1883), architecte, et Étienne REY (1789-1867),
peintre, se trouvent à Argos où Rey exécute un dessin, tandis que
Chenavard lève le plan du théâtre (mais celui qui figure dans un
recueil manuscrit de sa main conservé à la bibliothèque municipale de Lyon n'est qu'un calque de celui de la Mission de Morée).
Ils ont publié tous les deux un volume de souvenirs, très allusifs
l'un et l'autre.

*Voyage en Grèce et dans le Levant fait en 1843-1844, par A.-M. CHENAVARD,
architecte, E. REY, peintre, professeurs à l'école des Beaux-Arts de Lyon, et
J. M. DALGABIO, architecte. Relation par A.-M. CHENAVARD.* Lyon, imprimerie de Léon Boitel (1849), p. 36-37.

Voyage pittoresque en Grèce et dans le Levant fait en 1843-1844 par E. REY, peintre, & A. CHENAVARD, architecte, professeurs à l'école des Beaux-Arts de Lyon ... et DALGABIO, architecte. Journal de voyage. Dessins et planches lithographiées par E. REY. Lyon, typographie Louis Perrin, lithographie Claude Bonnaviat (1867), tome I, p. 27 et pl. VIII.

28. En 1845, le vicomte Théodore DU MONCEL (1821-1884) exécute un dessin à Argos, et l'accompagne d'un texte très dépendant de celui de la Mission de Morée, au contraire de son dessin, au cadrage original.

Excursion par terre d'Athènes à Nauplie. Paris, chez Gide et compagnie [s.d.], p. 9 et pl. XV.

29. En 1845, le duc de Montpensier fit un voyage en Grèce qui le conduisit, entre autres, à Argos. On en a la relation par Antoine DE LATOUR, dont l'évocation, très brève, met surtout l'accent sur la renaissance d'Argos.

Voyage de S. A. R. Monseigneur le Duc de Montpensier à Tunis, en Égypte, en Turquie et en Grèce. Lettres par M. Antoine DE LATOUR. Paris, Arthus Bertrand (1847), p. 201.

30. En 1846, le peintre Dominique PAPETY (1815-1849) exécute deux dessins à Argos ; ils sont conservés au musée du Louvre. Il ne semble pas avoir publié de souvenirs de voyage.

31. Les 19 et 20 octobre 1847, le comte et la comtesse Agénor DE GASPARIN passèrent à Argos sur la route qui les menait de Patras à Athènes. Mme de Gasparin, d'origine suisse, était animée d'un grand souci de morale et d'édification dont on a des traces dans le récit qu'elle a donné de ce voyage : elle note, pour s'en étonner, que des enfants mendient ; elle relève la simplicité des maisons et la frugalité des habitants, sauf en matière de vin ; mais elle a peu à dire sur la ville elle-même.

[Valérie BOISSIER, comtesse DE GASPARIN], *Journal d'un voyage au Levant. Par l'auteur du Mariage au point de vue chrétien.* Paris, Marc Ducloux et Cie (1848), tome I, p. 137-143.

32. En 1848, Charles BENOÎT (mort en 1898), membre de l'École française d'Athènes depuis 1846 (il faisait partie de la première promotion de membres), anticipe largement les futurs travaux de l'École par une brève visite à Argos, où il ne note que quelques réflexions sur le théâtre et la plaine.

«Excursions et causeries littéraires : autour d'Athènes et en Argolide», *Annales de l'Est* (1893), p. 364-365.

33. Entre le 17 avril et le 1ᵉʳ juin 1850, Alexandre BERTRAND (1820-1902), alors membre de l'École française d'Athènes, fit à Argos un voyage scientifique commun avec deux camarades. Il en relève soigneusement les antiquités, est un des rares à remarquer le theatron à gradins droits et à parler d'un relief rupestre entre le théâtre et le nymphée de la Larissa. Il mentionne aussi des reliefs dans les maisons Tsokri et Kallergi.

> *Études de mythologie et d'archéologie grecque : d'Athènes à Argos.* Rennes, Ch. Catel et Cⁱᵉ (1858), p. 285-292.

Avec la deuxième moitié du siècle, c'est le tourisme qui se développe. J'en vois une preuve dans la publication, en 1873, d'un guide de Grèce, dans la série déjà connue des *Guides Joanne* ; ce guide avait été préparé par un voyage commun de Joanne et d'Isambert dès avant 1860. Les livres qui paraissent visent à rendre des impressions de voyage, à recréer des atmosphères : la réussite dépend étroitement du talent littéraire des auteurs, talent bien variable. On ne trouve plus guère de dessins. Après la grande première qu'avait été la publication en 1850 du récit de voyage en Orient de Maxime du Camp illustré de 125 photographies, la concurrence de ce nouveau moyen de figurer les paysages se fait sentir. C'est d'abord le développement de la technique de la chambre claire, par laquelle le dessin cherche à rivaliser en précision avec la photographie : on en verra ci-après deux exemples. Mais avec le progrès des techniques d'impression, qui rend inutile le recours à la gravure, le dessin disparaît complètement des livres de voyage. A la fin du siècle se clôt l'époque des voyageurs, du moins pour l'Argolide. En fait, la fécondité de ce genre avait cessé depuis un bon demi-siècle : Argos attendait les premiers travaux archéologiques organisés dans un esprit systématique et scientifique.

34. Les 27 et 28 octobre 1850, Mˡˡᵉ DE VARE passe à Argos où elle marchande une statue antique «récemment découverte dans les fouilles» et estampe des inscriptions qu'elle ne publie du reste pas. Ce qui la frappe surtout, c'est l'animation des rues.

> [Mˡˡᵉ DE VARE], *Voyage en Grèce, par Charles AUBERIVE.* Paris, V. Sarlit (1860), p. 76-77.

35. Le 13 novembre 1853, Eugène BOULLIER, habitant de Laval en pèlerinage vers Jérusalem, visite Argos comme un touriste sérieux, mais est surtout frappé par le spectacle, qu'il trouve respectable, du bureau de vote organisé dans «l'église principale d'Argos» pour l'élection du député à la chambre d'Athènes.

> *Lettres d'un pèlerin de Jérusalem : journal d'un voyage en Orient.* Laval, H. Godbert (1854), p. 218.

36. Vers 1854, Eugène YEMENIZ, industriel d'origine grecque, évoque en termes allusifs et surchargés de souvenirs d'auteurs anciens la mosquée, les thermes et le théâtre, et donne une évocation bien plus vivante du siège de la Larissa en 1822.

Voyage dans le royaume de Grèce. Paris, E. Dentu (1854), p. 153-164.

37. Vers la même période, Benjamin Nicolas Marie APPERT (1797-1873), écrivain philanthrope spécialement intéressé par la question des prisons, visite la Grèce pour en étudier le système pénitentiaire et proposer la création d'une prison agricole. De passage à Argos, il visite « l'hôtel des Invalides où sont aussi logés les gendarmes » (il s'agit de la caserne). Il note aussi le mauvais état des rues et des routes et pense à les faire améliorer par des prisonniers non dangereux.

Voyage en Grèce, par le chevalier APPERT. Dédié au Roi (se vend au profit des prisonniers). Athènes, Imprimerie royale (1856), p. 43.

38. En 1859, Ernest BRETON (1812-1875), écrivain polygraphe dans les domaines de l'archéologie et de l'histoire de l'art, passa à Argos où il élabora une description assez précise du théâtre.

Athènes décrite et dessinée par Ernest BRETON... suivie d'un voyage dans le Péloponnèse. Deuxième édition. Paris, L. Guérin et Cie, éditeurs (1868), p. 348-349.

39. C'est en 1873 que paraît, sous la plume d'Émile ISAMBERT, un guide de Grèce. Il avait été préparé par un voyage commun d'Isambert et Adolphe Joanne dans la fin des années 1850. Il y signale surtout le théâtre et le château franc, mais parle aussi des autres antiquités visibles (theatron à gradins droits, thermes, nymphée de la Larissa et son aqueduc), et attire l'attention sur le relief de la Télésilla muré dans la maison Tsokri et sur le petit musée de la mairie.

Itinéraire descriptif, historique et archéologique de l'Orient. I. Grèce et Turquie d'Europe (Collection des Guides Joanne). Paris, Hachette (1873), p. 268.

40. A une date difficile à fixer entre 1861 et 1874, Henri BELLE, premier secrétaire de l'ambassade, fit un bref séjour à Argos où il remarqua surtout l'aspect campagnard de la ville et un pappas en tournée de baptême. Il y exécuta un dessin joint à sa publication en articles, mais absent de son volume.

Le Tour du Monde. Nouveau journal des voyages 35 (1878), 1er semestre, p. 312-313. Repris, sans la gravure, dans *Trois années en Grèce.* Paris, Hachette (1881), p. 287-289.

41. Le 15 octobre 1878, le journaliste et homme politique Joseph REINACH (1856-1921) passe par Argos qu'il décrit comme un gros village aux rues à peine pavées, et où il décrit une scène de genre sans mentionner les antiquités. En 1879, on lui écrit d'Athènes que la place de la mairie vient de recevoir le nom de place Gambetta.

Voyage en Orient. Paris, G. Charpentier (1879), tome II, p. 114-120.

42. En 1883, B. GIRARD, commissaire-adjoint de la marine, évoque très brièvement la citadelle et le théâtre.

Souvenirs d'une campagne dans le Levant. L'Égypte en 1882. Les côtes de la Syrie et de l'Asie Mineure. La Grèce en 1883. Paris, Berger-Levrault (1884), p. 281.

43. En 1889, Élie CABROL ne trouve à Argos « rien que des souvenirs » et ne fait que nommer le théâtre et le château de l'acropole.

Voyage en Grèce, 1889 ; notes et impressions. Paris, Librairie des bibliophiles (1890), p. 136-138.

44. Vers 1890, le docteur Marius BERNARD, dans un récit illustré d'une gravure d'Avelot, décrit Argos comme

« une agglomération de peupliers, de petits jardins, de murs en terre comme ceux des oasis de l'Algérie et que dépassent des lauriers-roses, de maisons sans étages et mal bâties mais que couronnent des terrasses d'où les fileuses laissent pendre leurs fuseaux dans la rue. »

Il évoque aussi le siège de 1822. Ce qu'il dit des antiquités est banal et erroné.

Autour de la Méditerranée. Les côtes orientales : l'Autriche et la Grèce. De Venise à Salonique, par Marius BERNARD. Paris, Henri Laurens (1899 ?), p. 233-234.

45. En 1893, l'abbé E. LE CAMUS, prêtre à St Louis des Français à Rome, visite Argos avec deux compagnons ; il y voit surtout le musée et le théâtre, et se juge importuné par les enfants. Son neveu H. Cambournac y exécute une photographie.

Voyage aux sept églises de l'Apocalypse, par l'abbé E. LE CAMUS. Paris (1896), p. 79-85.

46. Vers 1894, un voyage collectif des Dominicains d'Arcueil donne lieu à l'évocation de la ville moderne et de scènes de rues.

Constantinople. Le Mont Athos. La Grèce. Voyage de la XIXe caravane des Dominicains d'Arcueil. [Paris], J. Briguet éditeur [s.d.], p. 198-199.

47. En 1896, la romancière Marie Anne DE BOVET voit Argos

« au milieu d'immenses champs d'artichauts, de vergers d'orangers, d'amandiers, de figuiers qu'enclosent des haies de roseaux et de tamaris. » Ce sont des « maisons basses, roses, bleues, vertes ou blanches de chaux, irrégulièrement semées entre des clôtures en pisé que maintient un chevron de broussailles. »

La description de la ville se borne à celle d'un café, le théâtre et la citadelle sont simplement nommés.

La jeune Grèce. Paris, L.-Henry May (1897), p. 87.

48. La même année 1896, Gustave LARROUMET évoque une ville qui

« s'étale largement en trois tronçons », « coupée de places et de jardins, autour desquels s'égrènent comme au hasard des maisons sans caractère »,

et ajoute une brève description du théâtre.

Vers Athènes et Jérusalem. Journal de voyage en Grèce et en Syrie. Paris, Hachette et Cie (1898), tome I, p. 49-51.

LA VILLE ET SES MONUMENTS

Ces voyageurs, qu'ont-ils vu ? Leur curiosité a varié dans le temps : on se rend à Argos d'abord pour voir ses antiquités, et c'est alors un sentiment de déception qui domine quand on constate qu'elles sont peu de chose par rapport à l'idée qu'on s'en était faite. Mais à mesure que le temps passe, c'est la ville qu'ils voient qui retient de plus en plus l'attention des visiteurs — au point que c'est surtout d'elle que parlent ceux de la dernière période, qui sont les plus nombreux.

Le monument qui attire le plus l'attention, c'est **la forteresse de la Larissa**. On s'y intéresse de deux points de vue différents : comme monument, et comme construction militaire. C'est ce dernier point de vue qui l'emporte au début, du fait des circonstances et des conditions de la guerre à l'époque. On examine les caractéristiques de sa situation : son isolement, sa position dominante, ou sa capacité, «deux cents hommes de garnison», selon Mirabal. On examine ses citernes. Les seuls renseignements précis que l'on ait sur ses dispositions internes, on les trouve dans les textes d'Evliyâ Çelebi ou de l'ingénieur vénitien F. Vandeÿk. Mais curieusement, elle n'a joué aucun rôle dans la campagne de 1715 des Turcs contre les Vénitiens. En fait, le seul rôle militaire qu'elle ait eu dans cette période, c'est en 1822, lorsque Ypsilanti s'y est enfermé et y a soutenu un siège contre les Turcs. C'est ce qui explique l'intérêt précis que Jourdain lui porte cette même année : il y voit «trois remparts formant trois forteresses distinctes», organisation qui confirme en fait les descriptions antérieures et se reconnaît bien sur le terrain. Cet épisode est souvent commémoré dans le demi-siècle qui suit. Si l'on s'intéresse aux particularités de la construction, c'est pour noter le caractère composite des murs, et cela dès le XVIIe siècle avec de Monceaux. Fourmont de même en donne une description assez précise. Mais il faut attendre les travaux de la Mission de Morée pour en avoir une représentation figurée. On y signale des remplois (des fragments de colonnes, et surtout une inscription, que Fourmont s'était vanté d'avoir extraite, mais que d'autres ont vue après lui, et qui s'y trouve encore) ; on mentionne à l'occasion la présence d'une chapelle, ou de ruines de maisons formant un petit quartier à proximité : très claire dans Evliyâ Çelebi, l'indication se trouve aussi chez de Monceaux. Mais en fait, par manque de temps ou de goût de l'effort, la plupart des visiteurs se sont contentés de la regarder de la plaine, d'où elle fait grande impression.

Autant que la forteresse, **le théâtre** a attiré l'attention. Ce n'est pas ici le lieu de détailler ce qu'en disent les différents visiteurs. Ce qu'ils voient, c'est un ensemble de gradins taillés dans le rocher, bien conservés selon l'opinion générale : seuls trois voyageurs sont d'un avis contraire, et les jugent effrités. Mais l'observation précise en est difficile, et les chiffres varient du simple au double dès que l'on essaie de compter les gradins. Il y a deux raisons à cela : d'une part, le niveau du comblement de l'orchestra a pu varier au fil du temps ; de l'autre, les gradins supérieurs ne se voient pas bien. Alexandre Bertrand l'explique très bien, quand il cherche à trouver la cause de ses divergences avec Leake : «le terrain s'est exhaussé [il écrit près de cinquante ans plus tard] et a recouvert deux gradins en bas ; les gradins du haut se sont comme usés et se confondent avec la surface unie du rocher.» Mais les déblaiements effectués sur l'ordre de Capodistrias pour préparer la réunion de l'assemblée nationale du 15 juillet 1829 n'ont pas eu d'incidence nette sur les chiffres donnés par les visiteurs. Le plan pose problème, lui aussi. Il est en demi-cercle, tout le monde le dit ; mais on a du mal à comprendre comment les gradins étaient arrêtés aux extrémités. L'un des plus clairs est Jourdain, qui mentionne «à droite et à gauche des gradins détachés de l'amphithéâtre et où probablement on plaçait la garde qui veillait au bon ordre pendant les jeux ou les assemblées populaires.» Laissons-lui la responsabilité de cette interprétation : l'observation est juste, et il y avait des gradins rapportés à l'extrémité de ceux qui sont taillés dans le roc. Seul Breton décrit précisément l'organisation de la *cavea*. Mais Jourdain y voit «la place destinée aux grands et celle qui devait être occupée par les orateurs.» Comme la proédrie et la tribune impériale n'ont été dégagées qu'à la fin du siècle, on se demande ce qu'il a vu. Des autres parties du théâtre, on ne peut rien dire. Et les incertitudes du plan rendent vains les calculs minutieux des uns et des autres pour en estimer la capacité. De tout cela, la part la plus intéressante est le

LA VILLE ET SES MONUMENTS

travail de la Mission de Morée : c'est lui qui a servi de base aux réflexions ultérieures.

A proximité du théâtre, **l'odéon** et **le theatron à gradins droits** n'ont pas été facilement reconnus : ils ne figurent clairement que sur le plan de Sebastiano Ittar, qui travaillait pour lord Elgin. Le plus souvent, ils sont confondus avec le théâtre. C'est ce que fait Alexandre Bertrand, qui avoue son impuissance : «Je ne sais que dire des trente-deux files de gradins rectilignes contiguës au théâtre et qui semblent une prolongation de l'orchestra à l'Ouest.» Il les croit plus modernes, car «les spectateurs n'eussent pu de là apercevoir que très imparfaitement la scène.» Même si l'indépendance des deux ensembles est reconnue, la distinction entre les deux monuments successifs, theatron classique d'une part, odéon romain de l'autre, n'est jamais clairement établie. Ces monuments, mal compris, ont été mal observés.

Les thermes ont toujours été debout, et très souvent ils sont remarqués et dessinés. Les descriptions en sont dès le début conformes à ce que l'on peut voir de nos jours. Dès 1669, M. de Monceaux signale «un corps de brique, deux murailles et le fond qui finissait en demi-lune et qui par dehors était fini en fronton.» Cette caractéristique du plan est en général remarquée. L'étude du système de couverture est fréquente elle aussi : de Monceaux a vu le double système, avec voûte intérieure et toit en bâtière à l'extérieur, tandis que Foucherot, en 1780, s'intéresse plus précisément à la voûte «ornée de caissons dont il ne reste plus que la chape de ciment qui les contenait.» La grande différence par rapport à l'état actuel, c'est «un pan de mur en briques, et, dans la terre, un petit emplacement carré d'un côté duquel sort d'une rigole une petite source qui se va rendre dans un égout pratiqué de l'autre côté.» Ces indications sont uniques ; le pan de mur en question a disparu. Mais il a été dessiné par Fauvel et Cassas, et l'échelle humaine donnée par Fauvel permet de lui attribuer une hauteur de 5 à 6 m. Il se pourrait que l'égout dont parle Foucherot soit le souterrain Nord des thermes, qui a été signalé à partir de 1812. On y accédait alors à partir d'une maison turque qui avait disparu quand, en 1845, Du Moncel en représente l'entrée. On peut attribuer ces deux disparitions aux troubles de l'époque de l'Indépendance : la ruine dessinée par la Mission de Morée est celle que nous connaissons. Mais c'est sur le sens à lui reconnaître que les opinions ont le plus varié. On veut en général y voir un temple (seule la divinité varie), pour faire coïncider à tout prix Pausanias et la réalité. Certains veulent y voir une église chrétienne, ou une basilique.

D'autres enfin nomment le palais d'Hélène (Pellegrin), ou d'Agamemnon (Chateaubriand, Poujoulat) : on peut voir dans tout cela la trace
de légendes répandues par des guides locaux, confortés par l'appella-
tion locale de παλαιός-τεκκές. D'autres interprétations encore ont été
proposées : un gymnase (Fourmont), un tribunal (Fauvel, Giraudeau
de Saint Gervais), opinion d'autant mieux établie que l'on voit dans
les souterrains la prison de Danaé, tandis que d'autres y voient des
égouts. Le plus clair, c'est que la fouille a été seule capable de préciser
une interprétation que le souci de faire correspondre à tout prix ce
que l'on connaissait par les textes avec ce que l'on voyait exposait à
toutes les erreurs.

Un autre monument souvent remarqué, c'est, sur le flanc de la
Larissa, **le nymphée romain** avec son aqueduc et la terrasse qui le précède. Lui aussi a été remarqué dès 1669 par M. de Monceaux qui le
décrit en termes précis, puis par Foucherot qui parle de l'aqueduc
d'alimentation. On pourrait croire l'interprétation acquise. Mais l'Anglais Clarke, en 1801, veut y voir un sanctuaire oraculaire, et cette
hypothèse, pour absurde qu'elle soit, est périodiquement reprise jusqu'à la fin du siècle. La terrasse qui le précède, avec son beau mur
polygonal de soutènement (on regrettera qu'il soit maintenant mas-
qué par des constructions modernes), ont eux aussi été tôt remarqués : de Monceaux, Foucherot en parlent. Mais c'est aux membres de
la Mission de Morée, à leurs dessins plus qu'à leur texte — qu'est-ce
que les souterrains de Fourmont ou la prison de Danaé ont à faire ici ?
— qu'on doit le compte rendu le plus précis de cette ruine.

D'**autres ruines**, pas toujours faciles à reconnaître ou à situer, ont
été décrites ou dessinées à Argos. Passons sur celles que Fourmont a
éparpillées sur ses dessins. Deux d'entre elles méritent attention : le
fragment d'aqueduc au flanc de la Larissa, connu sur une longueur
importante, qui alimentait le nymphée — il a été vu et dessiné par
Fourmont, et le meilleur dessin que nous en ayons est celui de Papety.
L'eau provenait du village d'Epano Belessi. Un autre monument plus
frustrant est celui que décrit de Monceaux comme un arc de triomphe,
et que je crois être le même que décrit Mirabal. Malgré la bizarrerie de
ses termes, Mirabal évoque un tétrapyle. Mais où, et pourquoi ? Citons
aussi le monument de plan carré en briques dessiné par la Mission de
Morée sur la route de Tripoli : c'est sans doute un tombeau, mais il a
disparu.

La ville moderne est bien souvent évoquée, et on se bornera à en définir les grands traits. Son urbanisme, d'abord. Sa situation est toujours restée la même, au pied de la Larissa, au Nord de la zone antique telle que la définissent le théâtre et les thermes — zone où elle ne s'est étendue qu'après l'arrivée des réfugiés d'Asie Mineure. Ce qui frappe tous les visiteurs, à chaque moment et malgré les vicissitudes de la ville, c'est son caractère aéré, pour ne pas dire campagnard. On parle constamment d'un mélange de ville et de jardins, d'un habitat éclaté, «par pelotons», dit Fourmont, qui le montre sur ses dessins. Deux siècles et demi plus tard, Gustave Larroumet lui fait écho, qui parle d'une ville «en trois tronçons». Si des rues apparaissent, ce n'est qu'au début du xixᵉ siècle, et les destructions de l'époque de l'Indépendance n'ont visiblement rien changé : Bory de Saint Vincent parle encore d'une «grande bourgade», qui «se composait de trois ou quatre rues bordées de masures blanches qu'entouraient de nombreux jardins». Si, dans les années qui suivent, on parle de renaissance, c'est en fait pour aboutir au même résultat. La ville semble s'être relevée de ses ruines en une quinzaine d'années. Mais à la fin du siècle, Bernard parle encore d'«une agglomération de peupliers, de petits jardins, de murs de terre» : Argos s'est toujours étendue à l'aise, laissant à chacun son jardin, multipliant les espaces libres, avec un centre aménagé très tard.

Les monuments de la ville sont surtout religieux : les mosquées et les églises. Les mosquées — celle du centre avec sa médressé, détruites l'une et l'autre dès le début de la révolution, et celle du Sud-Est qui subsiste sans son minaret dans l'ancienne église Saint Constantin — sont surtout connues par les dessins de Cockerell. Des églises mentionnées par les visiteurs, deux surtout constituent des repères fixes : le monastère au flanc de la Larissa, souvent dessiné, souvent nommé, jamais décrit, et l'église de la Théotokos au cimetière Sud, à l'emplacement où Fourmont situe «les jardins de l'archevêque», et que Rey a si bien montrée. En dehors d'elles, l'église Saint Jean-Baptiste, construite à partir de 1822 et consacrée le 29 août 1829, l'église Saint Pierre, construite entre 1859 et 1865, sont celles que l'on rencontre le plus souvent. Des autres constructions, il ne reste à mentionner que la caserne réaménagée par Capodistrias, qui a été au cœur de l'affrontement qui a ensanglanté Argos en janvier 1833 entre Grecs et Français. Victime d'un incendie en mai de la même année, elle est décrite à plusieurs reprises, et figure sur le dessin de Papety. En 1856, elle servait aux gendarmes. C'était un des bâtiments les plus monumentaux de la ville avant la construction du marché en 1889. Rien autrement n'est cité dans la ville d'Argos : la mairie l'est pour le musée qu'elle abrite, et les écoles sont évoquées sans qu'il soit question de leur architecture. Les seules autres constructions remarquables sont quelques maisons privées : d'abord la maison Kallergi, l'aile ancienne de l'actuel musée ; ensuite la maison Tsokri, où est muré le relief de la Télésilla ; puis quelques autres, dont, très brièvement, la maison Gordon. Si l'on en parle, c'est surtout parce qu'Argos a longtemps été dépourvue des moyens de loger les visiteurs : il fallait descendre chez l'habitant, ou dans un café ; ce n'est que vers la fin du siècle qu'il est question d'hôtels, et uniquement pour en signaler l'existence. Du reste, à cette époque, leur utilité était moindre : on venait à Argos de Nauplie, en une excursion de la journée.

VUES ET DESCRIPTIONS

I. Le voyage de Michel et Claude-Louis Fourmont en 1729

Michel Fourmont (1690-1746), qui devint professeur de syriaque au Collège Royal (ancêtre du Collège de France) puis fut attaché à la Bibliothèque du Roi (ancêtre de la Bibliothèque Nationale), voyagea en Grèce, accompagné de son neveu Claude-Louis Fourmont, du 8 février 1729 au 23 juin 1730. Il y avait été envoyé pour rechercher, et si possible acquérir, des manuscrits grecs pour les collections royales. Il y trouva surtout des inscriptions auxquelles il s'intéressa plus que ne le souhaitaient les autorités qui l'avaient envoyé en mission. Ce fut la cause de graves malentendus, au cours desquels Fourmont essaya maladroitement de se mettre en valeur, et de souligner l'importance de ses découvertes pour justifier ses notes de frais. Il séjourna à Argos à une date difficile à fixer, sans doute en novembre 1729. Ses notes de voyage et ses dessins (conservés au département des manuscrits de la Bibliothèque Nationale) sont restés inédits, et se composent d'un récit continu assez médiocre, très naïf et maladroit, dû sans doute à Claude-Louis Fourmont et noté sous dictée, ce qui en explique les inadvertances (le manuscrit *Nouvelles acquisitions françaises* 1892, 175^v-190^v) ; de notes dispersées apparemment prises sur le vif et de rédactions partielles dues à Michel Fourmont, qui ont servi de base au récit continu (j'utilise surtout le manuscrit *Supplément grec* 930, 47^v-50) ; et de dessins d'un style très peu élaboré, certainement pris sur place, puis remis au net — au moins certains d'entre eux — après le retour des voyageurs à Paris. Ce matériel était connu dès le milieu du xviiie s., puisqu'on le voit en partie utilisé dans le *Recueil d'Antiquités* de Caylus (1764). Je connais de même une gravure imprimée du dessin pris par Fourmont à Argos, conservée à Paris au Musée des Arts décoratifs, mais extraite d'un ouvrage que la Conservation du Musée n'a pu identifier. Malgré leur maladresse, parfois leur naïveté, ces documents montrent que le voyageur vaut mieux que la mauvaise réputation qui lui est faite, et qui repose surtout sur son souci de se justifier, et d'expliquer pourquoi il faisait un travail autre que celui qui lui avait été demandé. Il annonçait la découverte à Argos de 30 à 40 inscriptions : dans le corpus, il y en a 36 dont on connaît une copie de lui. On voit à cette occasion comment il se vantait : dans une lettre à l'abbé Jean-Paul Bignon, conservateur de la Bibliothèque du Roi, il écrit : «J'ai encore abattu une tour de cette citadelle [il s'agit du château de la Larissa] pour en tirer une très vieille inscription»; ce travail, selon ses comptes, aurait occupé six hommes pendant quatre jours et coûté 5 piastres. Or cette inscription, le texte *IG* IV 614, est encore en place dans les ruines de cette forteresse. Fourmont n'est donc ni un faussaire, ni un vandale, il est simplement un peu vantard, et passablement naïf.

Malgré toutes leurs insuffisances, ces documents ont pour nous l'intérêt d'être parmi les premiers où Argos apparaît autrement que par allusions, et où des dessins en sont élaborés : je ne connais antérieurement que deux dessins d'origine vénitienne dus probablement à l'ingénieur F. Vandeÿk, qui travaillait vers 1700.

1. FOURMONT (Michel), [Vue d'Argos].

> Paris, Bibliothèque Nationale. Manuscrits Suppl. gr. 854 f⁰ 313.
> 220 × 157 mm ; rehauts de vert (feuillages), rose (constructions et murs, certains chemins) et jaune (routes). La légende n'a pas été retrouvée, mais on sait par une description rédigée de l'auteur que le n⁰ 8 correspond aux thermes du théâtre.

> Légende du croquis d'interprétation, en partie d'après Fourmont : 1. L'acropole. 2. Le monastère de St Dimitre. 3. [Ste Marine ?]. 4, 5. [monuments religieux non identifiés]. 6. Souterrains. [7]. Les jardins de, l'Archevêque. 8. [Thermes, que Fourmont prend pour le gymnase de Cylarabis].
> Les chiffres romains désignent des ruines dont Fourmont n'a rien dit : I, II, III, IV : apparemment ruines antiques ; V : sans doute un bain ; VI : mosquée du Sud-Est ; VIII : mosquée du centre de la ville.
> Les lettres identifient les quartiers de la ville.

La vue que Fourmont a dessinée à Argos est connue par cinq versions légèrement différentes. Ce dessin est probablement l'original : il se distingue des autres par la disposition des appels de légende et est le seul à donner le chiffre 8 pour la ruine des thermes du théâtre, conforme en cela au récit de l'auteur. Dimensions relativement petites, exécution manifestement hâtive, état inachevé : rien dans ce dessin ne s'oppose à cette interprétation.

2. [FOURMONT], Topographia urbis Argos et viciniae.

> Paris, Bibliothèque Nationale. Manuscrits Fonds français 22878 fᵒ 15.
> 428 × 323 mm. Rehauts de jaune (routes) et de vert (jardins).

> Légende de l'auteur : 1. Chemin de Mécène [Mycènes]. 2. La ville. 3. L'acropolis. 4. Le monastère de St Dimitre. 5. Souterrains. 6. Ancien bâtiment. 7. Les jardins de l'Archevêque.

Ce dessin, qui présente un rendu convenable de la voûte des thermes, une utilisation logique des ombres, un certain modelé dans le paysage, suppose l'intervention d'une main professionnelle plus habile que celle de Fourmont, mais peut-être guidée par les explications de l'un ou l'autre des voyageurs.

On peut retenir plusieurs renseignements de ces dessins médiocres et sans perspective. D'abord, le caractère étendu et éparpillé de la ville d'Argos. Fourmont écrit : «cette ville aujourd'hui est presque détruite. Il y reste encore quelques pelotons de maisons habitées par les Albanais»; et ailleurs, d'une façon un peu contradictoire : «A présent elle n'est pas une des moins considérables [des villes du Péloponnèse]; plus de 600 feux la composent, n'étant pas près les uns des autres, mais répandus par pelotons; ils tiennent un grand terrain.» On notera aussi l'importance respective et la situation des deux mosquées VI et VIII. Elles sont signalées sans autre détail par Fourmont qui mentionne aussi 30 églises «à moitié détruites et très mal bâties», «la plupart sont des masures»; leur visite lui aurait coûté 2 piastres, sans compter 20 parats «à celui qui nous a menés à l'église Ste Marine, où il y a des inscriptions». Le monastère sur le flanc Nord de la Larissa ne manque jamais, ainsi que quelques autres. Mais je ne sais comment situer le monastère de filles dont il parle : «ces religieuses», dit-il, «me firent voir leur bibliothèque, qui est nombreuse pour ce pays-ci, mais où je ne trouvai aucun livre rare»; cette visite lui coûta 2 piastres. Il est aussi question d'un monastère d'hommes dans la plaine, visité pour 2 piastres 20 parats. On aurait aimé avoir des précisions sur les jardins de l'Archevêque qui semblent situés dans la région où se trouve aujourd'hui l'église de la Théotokos au cimetière Sud : il n'en est pas question dans les textes rédigés. Les comptes mentionnent simplement «le jardinier du mouphti de Napoli, qui a la maison de l'archevêque d'Argos», auquel il a payé 1 piastre, on ne sait pourquoi. L'archevêque n'est mentionné dans les récits que pour ses richesses, et l'apparat avec lequel il fait ses visites.

Si l'on en vient aux antiquités, on notera surtout la présence, un peu partout dans la ville, de nombreuses ruines sans doute antiques, mais qu'il est impossible de situer. Les récits s'intéressent surtout aux thermes, pris pour le théâtre : «pour le bâtiment que les Argiens appellent théâtre, à en juger par ce qui en reste, il n'était pas des plus magnifiques ; la bâtisse n'était qu'en pierres ordinaires.» Les mesures sont les suivantes : «nous ne trouvâmes en dedans que 32 pieds de Roi [environ 10 m, soit la largeur de la salle principale des thermes] ; les murs qui restent n'ont que deux pieds et demi d'épaisseur et 22 pieds de haut.» Il y voit le gymnase de Cylarabis, et se trouve conforté dans son opinion parce qu'il a découvert «en allant au midi un endroit entre deux collines qui pouvait avoir servi de théâtre, mais on en avait retiré les gradins qui étaient de marbre» : il doit s'agir du théâtre, avec une mauvaise indication d'orientation, plutôt que du theatron à gradins droits. Il est aussi question d'un réservoir qui se trouverait au Nord des thermes : le nymphée de la Larissa ? Il n'est pas plus précisément décrit.

C'est par rapport aux thermes qu'est située l'ouverture d'un souterrain dont la description inspire de grands doutes, et que les membres de la Mission de Morée ont vainement cherché cent ans plus tard : «en allant au midi [ailleurs, 'au pied de la Larissa du côté du Sud-Est'], à 200 pas plus loin [soit plus de 160 m] on aperçoit à la droite l'ouverture des souterrains. Cette ouverture est au pied du rocher où la forteresse est bâtie.» Il les considère comme une carrière et mentionne dans ses comptes «pour celui qui nous a conduits dans les carrières d'Argos, 20 parats.» Mais le récit continu en donne une description beaucoup plus romanesque. «Pausanias les annonce comme faits à dessein, il assure qu'Acritius les avait fait construire pour y enfermer Danaé sa fille en prison. Mais à les bien considérer ce n'est qu'une carrière creusée à mesure qu'on a eu besoin des pierres pour bâtir cette ville. Ils sont trop profonds pour croire que ce Roi ait jamais pu les faire creuser à ce dessein. Et si depuis les Argiens ont cru que c'était la prison de cette princesse, ce n'est que dans l'idée qu'ils ont eue de la dureté de ce prince ; ils ne pouvaient pas s'imaginer un lieu plus affreux pour marquer davantage la cruauté de ce prince. Car non seulement il n'y a point de jour, mais encore l'air qu'on y respire y est très malsain, il est très difficile d'aller jusqu'au bout, le chemin est étroit et bas en beaucoup d'endroits. Il y a dans ce souterrain d'espèces de chambres ménagées de côté et d'autre, mais jamais vis-à-vis les unes des autres ; elles conservent un air si épais et si froid en même temps que l'on a beaucoup de peine à y respirer. Ces chambres sont apparemment ce que Pausanias appelle l'une le tombeau de Crotopus roi d'Argos. [...] Celle qui paraît le plus avoir servi de tombeau à Crotopus c'est la cinquième à gauche, elle est plus petite que les autres. Le temple de Bacchus Crééen pourrait avoir été la seconde à droite, elle est plus grande et plus élevée; l'eau glacée qui tombe du rocher pourrait y avoir arrêté les dévots à ce dieu, plutôt que dans les autres. » « Ce souterrain n'est point dans toute sa longueur creusé en droite ligne, son entrée est au midi, l'on avance assez droit vers le Nord jusqu'à la sixième chambre; à cet endroit il se courbe vers l'Orient comme pour aller sous la forteresse Larissa jusqu'à la douzième chambre qui est la dernière; il se recourbe tantôt au Nord, de là à l'Orient, et toujours de telle manière jusqu'au fond qui va au-delà de la forteresse Larissa. Car sans prendre garde à ces contours et en le supposant droit du midi au Nord, il y a trois mille pas ordinaires de profondeur [soit près de 2,5 km]; la pierre en est partout la même, noirâtre, remplie de coquillages de figure pyramidale, si dure qu'il était très difficile à la polir et que celle qui est à l'air peut-être depuis deux mille ans n'est en rien endommagée en sorte que les inscriptions qui s'y trouvent sont encore aussi entières que si on venait de les graver. » (BN, *Nouvelles acquisitions françaises* 1892, f° 182ᵛ-187). On voit le ton, et la difficulté à faire la part de l'observation, du souvenir imprécis de Pausanias, et de la pure imagination, dans un texte pareil. On voit aussi, pris sur le vif, le processus par lequel la vantardise conduit à l'exagération, puis au faux. Ce qui manque le plus à tous ces documents, c'est bien l'esprit scientifique.

II. Autour du comte de Choiseul-Gouffier

Le dernier quart du XVIIIᵉ siècle est un des plus actifs et productifs pour la connaissance de la Grèce et de ses antiquités. Du côté français, la personnalité qui a le plus œuvré en ce sens est le comte de Choiseul-Gouffier. Dès 1776, âgé d'à peine vingt-quatre ans, il voyage en Méditerranée orientale, et fait paraître en 1778 le premier volume de son *Voyage pittoresque de la Grèce* (les deux autres volumes paraîtront en 1809, puis, de façon posthume, en 1822). A partir de 1786 et jusqu'à la Révolution de 1789, il fut ambassadeur de France à Constantinople, où il s'entoura d'un cercle brillant d'hellénistes et de connaisseurs de la Grèce. Mais c'est la préparation de la suite de son ouvrage qui lui avait fait envoyer en Grèce, dès 1780, deux voyageurs qui travaillaient pour son compte : le célèbre antiquaire Louis-François-Sébastien Fauvel (1753-1838), d'abord connu comme peintre et dessinateur, qui devait devenir en 1803 consul de France à Athènes, et l'ingénieur ou architecte Foucherot (mort en 1813). Les deux compagnons passèrent à Argos le 10 octobre 1780. Le peintre Louis-François Cassas voyageait lui aussi au service de Choiseul-Gouffier ; il est passé à Argos en 1782.

3. Fauvel (Louis), Ruines de la salle d'audience et du théâtre d'Argos (1780).

> Paris, Bibliothèque Nationale, Estampes, Gb 15a f⁰ format 2, f⁰ 94. 366 × 190 mm ; lavis et mine de plomb.

> Colline de la Larissa vue du Sud-Est avec les principales ruines d'Argos ; au-dessus, deux vues complémentaires : à gauche la partie Sud de la colline venant à gauche du dessin principal ; à droite, la partie Nord de la colline et la colline du Prophète Élie (autrement dite Aspis). 1. Forteresse. 2. Nymphée de la Larissa et sa terrasse. 3. Gradins du théâtre. 4. Ruines des thermes du théâtre (la salle d'audience de Fauvel). 5. Fragment de mur appartenant au même bâtiment, aujourd'hui disparu, représenté en partie à gauche du dessin principal, et en totalité au-dessus. 6. Colline de la Larissa (sur le dessin principal et chacun des deux détails). Sur le détail de gauche, peut-être les gradins du theatron à gradins droits. 7. Colline du Prophète Élie (dite de l'Aspis). 8. Chapelle du Prophète Élie.
> Deux personnages, dans la ruine 4 et au pied du mur 5, donnent l'échelle.

On ne possède pas le texte de Fauvel pour ce passage de son voyage de 1780. Mais une lettre de 1810 permet de préciser le titre donné à son dessin : c'est le *Kritérion* de Pausanias qu'il traduit par «salle d'audience», et qu'il pense reconnaître dans la ruine des thermes. On connaît en revanche le texte de Foucherot, qui signale le nymphée de la Larissa, décrit d'une manière assez précise, avec son aqueduc d'alimentation, la terrasse qui le précède et son mur de soutènement en appareil polygonal, le théâtre et la ruine des thermes, sur laquelle il ne se prononce pas : « Vers le bas de ces gradins et à quelque distance reste encore une grande partie de mur en brique, dont le fond forme niche et qui dans sa voûte était orné de caissons, dont il ne reste plus que la chape de ciment qui les contenait. A quelques pas en avant on voit encore un pan de mur de brique et dans la terre un petit emplacement carré, d'un côté duquel sort d'une rigole une petite source qui va se rendre dans un égout pratiqué de l'autre côté. » Ce pan de mur (le mur 5 de la légende) ne figure que sur les dessins de Fauvel et de Cassas, et semble s'être écroulé assez tôt après leur passage.

4. Cassas (Louis François), Vue d'un monument en briques au Sud d'Argos, prise de l'Est (1782).

> Paris, Musée du Louvre, Cabinet des Dessins RF 4841.68. 460 × 165 mm; encre et lavis sur calque.

> 1. Forteresse. 2. Nymphée de la Larissa. 3. Gradins du théâtre. 4. Ruines des thermes du théâtre. 5. Fragment de mur du même bâtiment, aujourd'hui disparu.

Un groupe de cavaliers au pied de la ruine donne l'échelle de ce dessin fait en 1782. Noter les maisons à proximité du nymphée 2, qui marquent la limite Sud de la ville.

5. Cassas (Louis François), a. Ruines d'Argos prises de l'Ouest [en réalité du Sud].

> Paris, Musée du Louvre, Cabinet des Dessins RF 4841.66. Encre sur calque; 432 × 155 mm.

> 1. Ruine de la salle à abside des thermes du théâtre. 2. Pan de mur aujourd'hui disparu, certainement le même que le mur 5 du dessin **4**. 3. Mosquée du centre de la ville. 4. Mosquée du Sud-Est. 5. Forteresse Palamède, dominant Nauplie.

La mosquée du Sud-Est est celle de l'ancienne église Saint Constantin, actuellement privée de son minaret.

b. Argos prise à l'Est [en réalité vue du Nord-Est].

> Paris, Musée du Louvre, Cabinet des Dessins RF 4841.67. Encre sur calque; 452 × 120 mm.

> Le croquis d'interprétation permet d'éliminer, dans la partie supérieure du dessin, une vue de Lerne sans rapport avec le paysage d'Argos.
> 1. Forteresse. 2. Ville. 3. Mosquée du centre de la ville. 4. Mosquée du Sud-Est.

Le dessin est inversé gauche pour droite, sans doute à la suite d'une erreur dans le travail sur calque : il faut, pour le rétablir, le lire dans un miroir. Noter l'étendue de la ville et le monastère à mi-hauteur sur la pente de la Larissa.

III. Cartographie de la plaine d'Argos

Du fait de la difficulté et de la rareté des voyages, les seules cartes levées directement étaient bien souvent, au xviiie siècle, les cartes marines. Pour les régions de l'intérieur des terres, l'élaboration de cartes était un travail de bureau, à partir de documents d'une qualité inégale recueillis auprès des voyageurs. On voit par les exemples ci-dessous comment devaient procéder les plus célèbres géographes du temps. Jean-Baptiste Bourguignon d'Anville (1697-1782), selon un de ses biographes, «connaissait la terre sans l'avoir vue ; il n'était pour ainsi dire jamais sorti de Paris» ; mais ses résultats, obtenus par un travail critique sans faiblesse, étonnèrent les officiers de Bonaparte qui se servaient de sa carte d'Égypte. Il eut pour élève Jean-Denis Barbié du Bocage (mort en 1825) qui devait classer la collection léguée par son maître, dont il partageait la passion de l'Antiquité. Il travaillait de la même façon, en cabinet, et passa longtemps à élaborer une *Description topographique et historique de la plaine d'Argos, avec cartes et figures*, publiée d'une façon posthume en 1834, quand les résultats de la Mission de Morée en avaient rendu périmés les résultats graphiques qui n'ont donc jamais paru. C'est en effet avec l'expédition scientifique de Morée qu'on dispose pour la première fois d'une carte levée sur le terrain par des spécialistes : l'extrait reproduit ci-dessous montre toute la différence.

6. Fourmont (Michel), [Carte de la plaine d'Argos] (1729).

Paris, Bibliothèque Nationale, Manuscrits Suppl. gr. 856 f° 79. Encre sur papier ; 350 × 230 mm.

Carte dressée en 1729, à une époque où l'on ne disposait pour ces régions que de cartes marines. Elle est inexacte pour le tracé des côtes et pour le cours des rivières (l'Inachos et le Charadros coulent en fait au Nord et à l'Est d'Argos). Son intérêt principal pour nous est qu'elle indique la situation où Fourmont a vu plusieurs monuments qu'il décrit dans son récit, en particulier le temple de Neptune Proclystius et celui de Bacchus. Il s'agit probablement du premier état de ce document, levé sur place. Noter le mélange de grec et de français dans l'indication de la toponymie : Fourmont procède ainsi dans d'autres circonstances.

Selon les récits manuscrits, la plaine mesure 4 lieues d'Est en Ouest, et 3 du Nord au Sud ; elle est fertile et «produit toutes sortes de grains dont ils font commerce avec les étrangers.» Ils mentionnent les marais mouvants le long de la côte, qu'il faut traverser en venant de Nauplie, signalent que la plaine n'est guère plus haute que le niveau de la mer, et développent : «les bords de ces marais des deux rives de l'Inachus sont une des plus belles prairies ; c'est là que les Argiens font paître leurs chevaux. [...] On y entretient par l'ordre du Sultan de Constantinople des haras.» Mais les observations sont moins précises quand il s'agit des cours d'eau. Il est question à deux reprises de l'Inachos : d'une part, pour mentionner qu'il se jette dans le golfe en formant des marais ; de l'autre, dans le récit continu : «nous reprîmes le chemin de la porte occidentale d'Argos d'où nous allâmes droit à l'Occident dans la vue de trouver le fleuve Inachus. Les géographes mal informés le placent à l'Orient d'Argos pendant qu'il est à l'Occident. Nous avions à droite une des petites collines qui couvrent le stadium et à la gauche des vignes dans lesquelles nous rencontrâmes d'espaces en espaces des fondements de maisons ou autres bâtiments où nous trouvâmes des inscriptions. Sortis des vignes après trois quarts d'heure de chemin nous nous trouvâmes sur les bords de l'Inachus [certainement le Xérias, l'antique Charadros], et pour faire de ce fleuve comme des autres une description détaillée, nous le suivîmes ; nous espérions qu'il nous mènerait jusqu'à la mer, mais nous fûmes trompés, il se perd dans des marais formés de ses eaux qui en sont éloignés environ une demi-lieue.» (*Nouvelles acquisitions françaises* 1892, f° 188ᵛ-189).

7. ANVILLE (Jean-Baptiste BOURGUIGNON D'), Carte de la plaine d'Argos (milieu du XVIIIᵉ s.).

> Paris, Bibliothèque Nationale, Département des Cartes et Plans, Ge DD 2987, 6128. Encre sur papier ; 200 × 145 mm.

Selon une remarque signée de Barbié du Bocage, il s'agit d'un «calque de la carte levée par Fourmont», la carte figurant au numéro précédent, ou une autre version. Noter la représentation de la Larissa avec le château au sommet, les monastères voisins, l'entrée du souterrain (antre), enfin l'indication de la ville à l'Est de la Larissa, avec sa mosquée au Sud-Est. Ce document souligne l'énorme différence qu'il y a entre l'amateurisme de bonne volonté de Fourmont et le parti qu'une main professionnelle peut tirer des mêmes éléments.

8. Barbié du Bocage (Jean-Denis), [Argolide]. Figuré par M. Cousinéry, le 29 9bre [septembre ? novembre ?] 1807.

Athènes, Bibliothèque Gennadios, manuscrit 145 f° 73. Encre sur papier bleu ; 375 × 250 mm. Nord en haut.

Transcription des notes manuscrites :
— dans l'angle supérieur gauche : « M. Cousinéry a été un premier jour de Napoli de Romanie [c'est-à-dire Nauplie] à Argos. C'était un jour de foire à Argos. Il a vu le théâtre et la ruine au-dessus, mais il n'a pas monté à la citadelle. Un autre jour il a été de Napoli aux ruines de Mycènes. Il a vu le tombeau d'Agamemnon qui est sur une hauteur à peu près au N.-O. des ruines de la ville. Il y a un vallon entre le tombeau et la porte des Lions qui fait aussi face au N.-O. — En venant de Napoli de Romanie on laisse la butte de Tyrins ou du Vieux Naples à gauche, et l'on arrive au village qui est près des ruines. De Mycènes, M. Cousinéry revint à Napoli de Romanie. » ;
— en dessous, les ruines d'Argos avec la légende : « Château d'Argos. Ruines d'Argos. Ville actuelle d'Argos à deux lieues de Napoli. Sehirsi. Ruines en partie taillées dans le roc [il s'agit du nymphée de la Larissa]. Théâtre de 60 gradins tous taillés dans le roc. Il ne reste rien de la scène. Le théâtre est hors de la ville. » ;
— dans l'angle supérieur droit, au-dessus du croquis du trésor d'Atrée : « Le toit de ce tombeau n'est pas fait en ovale, mais il est formé par des pierres qui, placées les unes sur les autres, se rapprochent insensiblement. Celle du dessus de la porte est très longue. »
Au-dessous, trois croquis : « Plan du tombeau d'Agamemnon. Porte. » « Élévation de la porte du tombeau d'Agamemnon. Partie enterrée. » « E/on [É(lévati)on] de ce tombeau. »
Au-dessous de ces croquis : « Tombeau d'Agamemnon... à 300 toises de la porte des Lions. » « Ruines de Mycènes à 4 heures de Napoli. » Sont encore indiqués deux ruisseaux, les « ruines de Tyrinthe », « Nauplia-Napoli », et trois chemins, d'Est en Ouest : « chemin d'Épidaure », « chemin de Mycènes », « chemin de Napoli de Romanie ».

L'intérêt de ce plan tient à sa date, époque où la région était très peu connue. Barbié du Bocage travaillait alors à son grand ouvrage de synthèse sur la plaine d'Argos. E.-M. Cousinéry fut consul de France à Salonique entre 1783 et 1793, puis sous la Restauration.

9. [Carte de la plaine d'Argos, d'après les travaux de la Mission de Morée].

> *Carte de la Morée rédigée et gravée au dépôt général de la Guerre d'après la triangulation et les relevés exécutés en 1829, 1830 et 1831 par les officiers d'État-Major attachés au Corps d'occupation, par ordre de M. le maréchal duc de Dalmatie, ministre de la Guerre, sous la direction de M. le lieutenant général Pelet.* Paris (1832). Échelle 1 : 200 000. Dans : *Expédition Scientifique de Morée. Travaux de la section des sciences physiques* ... Atlas 1831-1835. Paris (1835), planche III feuille 4. Rééditée : *Carte de la Grèce, 1 : 200 000, rédigée et gravée au Dépôt de la Guerre d'après la triangulation et les levés exécutés par les officiers du Corps d'État-Major.* Paris (1852). Feuille 13.

Extrait de la première carte de la Grèce exécutée par des topographes de métier ayant travaillé sur le terrain : on mesure la différence avec les tentatives précédentes, aussi bien pour le tracé que pour la représentation du relief.

IV. La mission scientifique de Morée

À partir de 1821, les événements politiques et militaires liés à la révolution grecque et à la conquête de son indépendance par ce pays ont provoqué un grand mouvement de philhellénisme et d'intérêt pour les réalités de la Grèce. C'est en 1828 que le gouvernement français décida d'appuyer les Grecs en envoyant une mission militaire de 14 000 hommes commandée par le général Maison, qui débarqua le 29 août. Sous l'influence d'Edgar Quinet, il lui fut adjoint une mission scientifique sur le modèle de celle qui avait accompagné en Égypte l'expédition du général Bonaparte, et dont le résultat le plus remarquable avait été la *Description de l'Égypte*. La mission envoyée en Morée en 1829 était divisée en plusieurs sections : une section de sciences physiques dirigée par le colonel Bory de Saint-Vincent assisté de sept savants et d'un peintre, une section d'archéologie qui comportait en particulier Quinet, que la maladie empêcha très vite de travailler efficacement, une section d'architecture dirigée par l'architecte Blouet à laquelle on doit l'essentiel des résultats scientifiques de l'expédition en matière d'archéologie : la qualité de leurs travaux de relevé a fait entrer la connaissance des antiquités d'Argos dans l'ère scientifique. L'expédition scientifique de Morée resta en Grèce de mars à novembre 1829, mais ses membres passèrent à Argos en ordre dispersé : Quinet dès le 1er avril (il n'y resta que jusqu'au 7, et fut frappé par la fièvre); Blouet et ses collègues de la commission d'ar-

chitecture le 15 juillet (ils y tombèrent malades eux aussi) ; ils y
avaient rencontré le colonel Bory de Saint-Vincent, arrivé avant eux.

10. BLOUET (Abel), Plan d'Argos (1829).

> *Expédition scientifique de Morée, ordonnée par le gouvernement Français.*
> *Architecture, Sculptures, Inscriptions et vues du Péloponnèse, des Cyclades et*
> *de l'Attique, mesurées, dessinées, recueillies et publiées par* Abel BLOUET,
> architecte..., Amable RAVOISIÉ et Achille POIROT, architectes, Félix TRÉ-
> ZEL, peintre d'histoire, et Frédéric DE GOURNAY, littérateur. Ouvrage dédié
> au roi. Paris (1833). Planche 57, gravure, 237 × 308 mm. Nord à l'angle
> inférieur droit ; échelle de 1000 mètres. Reproduit par F. ALDENHOVEN, *Iti-*
> *néraire descriptif de l'Attique et du Péloponnèse avec cartes et plans topo-*
> *graphiques.* Athènes, chez Adolphe Nast, libraire ; Rodolphe Bund, libraire ;
> et chez l'auteur. De l'imprimerie de l'Ami du peuple (1841), p. 378, et par
> E. CURTIUS, *Peloponnesos. Eine historisch-geographische Beschreibung der*
> *Halbinsel.* Gotha, Justus Perthes (1851-1852), tome II, pl. XV.

A. Grand théâtre. B. Construction romaine en briques [c'est la ruine
des thermes]. C. Petit théâtre [odéon]. D. Chapelle. E. Restes de muraille
antique de construction cyclopéenne [traces du rempart sur le flanc Sud-
Ouest de la Larissa]. F. Église [de la Théotokos au cimetière d'Argos]. G.
Construction romaine en briques. H. Construction romaine en briques
établie sur un plateau soutenu par une construction cyclopéenne [nym-
phée de la Larissa]. I. Restes d'aqueduc qui conduisait les eaux au
monument H. K. Monastère de Catéchouméni sur l'emplacement du
temple de Junon Acraea. L. Larissa, acropole antique. M. Chapelle sur
un monticule [chapelle du prophète Élie sur la colline dite de l'Aspis].
Nota : ce plan n'ayant pas été relevé ne doit être considéré que comme
approximatif.

Ce plan vaut surtout pour la situation des monuments antiques :
pour ce qui est de la ville moderne, il est plus schématique que réelle-
ment descriptif. De la ville d'Argos, le texte de la Mission de Morée
retient surtout l'étendue, la belle allure et la situation : «Quant à la
nouvelle Argos, elle n'a que quatre mille habitants ; mais comme
chaque maison a son jardin, elle occupe autant d'espace que
l'ancienne ; l'air de propreté que nous lui avons trouvé ne se rencontre
pas toujours dans les autres villes de la Morée. Celle-ci est dans une
très belle position, à une lieue et demie de la mer, au fond du golfe de
Nauplie ou d'Argos.» C'est surtout la vue due au même dessinateur
qui peut évoquer l'allure d'Argos à cette époque.

11. BLOUET (Abel), Argos (1829).

> *Ibid.*, pl. 60. Gravure, 266 × 439 mm. Échelles de 10 mètres et 5 toises.
> Reproduit par E. CURTIUS, *ibid.*, tome II, p. 353.

Fig. I. Plan de la construction antique indiquée sur le plan général
par la lettre H [il s'agit du nymphée de la Larissa].

Fig. II et III. Coupe longitudinale et transversale du même monument.

Fig. IV. [en haut à gauche] Détail de l'ouverture fermée par une muraille moderne au milieu du mur de soutènement du plateau.

Fig. V. [en haut à droite] Détail de l'angle du même mur.

Fig. VI et VII. [en bas, à gauche et à droite] Détails des sculptures qui se trouvent sur le même mur de soutènement.

Le texte qui accompagne ces planches donne une description de l'ensemble de ces ruines, mais curieusement interprétée. Il signale le nymphée, ainsi que l'aqueduc, «dont une grande partie se retrouve plus loin, à la même hauteur». Le mur de soutènement de la terrasse est décrit d'une façon plus étrange : «Cette ruine d'un ancien ouvrage romain a pour base un plateau que supporte une autre construction dite cyclopéenne, et dans laquelle on aperçoit quelques traces d'inscriptions et de sculptures. Cette dernière est coupée vers le milieu par une muraille moderne, qui paraît avoir été faite pour fermer l'entrée d'un souterrain. L'importance de la construction, et la particularité que nous venons d'indiquer, suffisent pour faire conjecturer que là pouvait être l'entrée des prisons de Danaé, ou des galeries souterraines dont Michel Fourmont donne la description dans son voyage manuscrit et que, malgré toutes nos recherches, nous n'avons pu retrouver.» On peut se demander si la fonction hydraulique de la construction romaine a bien été comprise. Le voyage avait été soigneusement préparé ; mais les auteurs se sont laissé obnubiler par un mirage, et ils ont cherché au Nord du théâtre le prétendu souterrain, quand Fourmont le situait au Sud : admirons la force de suggestion des prédécesseurs !

12. RAVOISIÉ (Amable), Argos (1829).

Ibid., pl. 58. Gravure, 254 × 435 mm. Échelle de 80 mètres et 240 pieds. Reproduit partiellement par J. H. STRACK, *Das griechische Theatergebäude*, Potsdam (1843), pl. IV, 2, et par A. CHENAVARD, *Recueil et parallèles de théâtres antiques* (1887) (Lyon, Bibliothèque municipale, manuscrits 6393), pl. XXXI.

Fig. I. Plan du grand théâtre d'Argos. A. Gradins taillés dans les rochers qui forment la base de la citadelle. B. Salle d'assemblée des députés grecs modernes. C. Constructions romaines en briques [il s'agit des thermes].

Fig. II et III. Plan et coupe d'une ruine romaine indiquée sur le plan général par la lettre G. Cette construction, probablement un tombeau, a aujourd'hui disparu.

Le plan du théâtre ne semble pas appeler de commentaire particulier, mais on doit souligner que c'est probablement le premier qui ait été dressé, en tout cas publié : je ne connais en effet que deux dessinateurs qui aient travaillé au théâtre d'Argos à une date antérieure, le peintre italien Sebastiano Ittar en 1802, qui travaillait pour lord Elgin et a fourni un des plus remarquables documents de ce genre (son plan inédit est conservé au British Museum), et Karl Haller von Hallerstein, qui a visité Argos en 1812 et a pris quelques croquis au théâtre (profil des gradins ; étude des rapports entre gradins et escaliers ; croquis de situation du théâtre et de l'odéon ; dessin conservé à la bibliothèque de Strasbourg), mais n'en a pas levé de plan. On notera qu'il ne rend pas perceptible la difficulté à laquelle se sont heurtés tous ceux qui ont voulu faire une étude précise de ce bâtiment, qui est d'en déterminer les limites, aussi bien vers le haut que sur les côtés.

L'installation mentionnée à la lettre B évoque l'événement le plus remarquable qui se soit déroulé dans le théâtre au XIXᵉ siècle : la réunion de l'assemblée nationale grecque, dont Blouet et ses collègues ont laissé une évocation vivante : «Lorsque nous arrivâmes dans cette ville, le 15 juillet 1829, nous apprîmes que le président de la Grèce, Capo-d'Istria, s'y trouvait, depuis quelque temps, pour l'ouverture de la session législative, qui devait avoir lieu peu de jours après. A cet effet, on déblayait, pour recevoir le public, les gradins du théâtre antique, et l'on construisait au bas une salle d'assemblée dans laquelle d'autres gradins étaient réservés pour les députés. Cette salle s'ouvrait de tous côtés, afin de permettre aux spectateurs, placés dans le théâtre, de voir et d'entendre toutes les délibérations de l'assemblée. Parmi les députés qui étaient à Argos pour cette solennité, on distinguait Nikétas, Miolis, Colocotroni, Grivas et Piétro Bey. Certes : c'était un beau spectacle que de voir, après tant de siècles de despotisme et de servitude, la Grèce, délivrée de ses chaînes et protégée par les plus grandes puissances de l'Europe, réunir dans l'antique théâtre d'Argos, sous la présidence d'un habile diplomate, Grec lui-même, les hommes qui s'étaient immortalisés par leur bravoure dans une guerre d'extermination, et qui allaient donner à leur pays des lois constitutionnelles, premier bienfait de cette grande régénération.»

13. Ravoisié (Amable) et Poirot (Achille), Argos (1829).

Ibid., pl. 59. Gravure, 432 × 237 mm. Échelles de 40 mètres et 120 pieds. Reproduit partiellement par A. Chenavard, *op. cit.*, pl. XXXII.

Fig. I. Coupe du grand théâtre et d'une partie des thermes.
Fig. II. Suite de la coupe précédente.
Fig. III et IV. Autres coupes des thermes.

Fig. V, VI et VII. Constructions helléniques formant les murailles de la citadelle antique, servant de base à la citadelle moderne.

On remarquera surtout la coupe du souterrain Nord des thermes, visible dès cette époque, et dont le plan figure sur le dessin précédent. Les auteurs n'avaient pas reconnu la ruine des thermes, que seules les fouilles récentes ont permis d'interpréter. Leur texte mentionne en outre d'une façon succincte les vestiges de l'odéon (lettre C sur le plan général) : «au Sud, et tout près du grand théâtre, sont d'autres gradins d'un théâtre plus petit, au-dessous desquels on voit des substructions en blocage, probablement des restes du proscénium.»

L'angle supérieur gauche de la planche est occupé par le dessin de trois fragments de murs antiques pris dans la citadelle. La Mission de Morée n'est pas la première à les avoir remarqués : l'Anglais W. Gell les avait déjà vus et dessinés en 1805, et publiés dès avant 1831 ; ils avaient aussi été dessinés en 1812 par K. Haller von Hallerstein. Mais le dessin de ce dernier est resté inédit, tandis que ceux de Gell sont plus secs : ceux de la Mission de Morée sont les plus évocateurs. Le texte rédigé est assez succinct pour l'ensemble de la forteresse, et décevant pour ces fragments de murs qu'il se contente de signaler.

V. Argos romantique

14. BLOUET (Abel), Argos (1829).

> *Ibid.*, pl. 56. Gravure, 240 × 114 mm.

«Vue d'Argos prise des jardins de la ville qui se trouvent au Sud-Est de l'acropole.»
Sur le flanc Nord-Est de la Larissa le monastère de la Panaghia sous lequel s'ouvre une caverne et, en silhouette sur l'arête du flanc Sud, des constructions qui doivent correspondre à l'église Sainte Marine. Au-dessus de la ville, on distingue entre deux arbres, à gauche, la ligne de l'aqueduc à flanc de montagne.

On peut être frappé par la différence qu'il y a entre le dessin assez sobre et précis des vues d'architecture, et le paysage d'ensemble pris à la même date par le directeur de la commission d'architecture de l'expédition scientifique de Morée. Le cadrage et la disposition des arbres contribuent à rendre l'impression d'étendue et d'espace qu'évoque le texte rédigé. Il est très sobre sur ia ville, où il mentionne «une grande quantité de citernes»; il ne signale aucun monument moderne à l'exception de la mosquée située au Sud-Est, «ombragée de cyprès».

15. BUCHON (Jean-Alexandre), Château des barons francs d'Argos de la maison d'Enghien (juillet 1841).

Atlas des nouvelles recherches historiques sur la principauté française de Morée et ses hautes Baronnies, fondées à la suite de la Quatrième Croisade, formant la deuxième partie de cet ouvrage et servant de complément aux éclaircissements historiques, généalogiques et numismatiques sur la principauté française de Morée et au Voyage dans la Morée, la Grèce continentale, les Cyclades et les îles ioniennes. Paris, au Comptoir des Imprimeurs Unis [s.d.], pl. VI. Gravure, 200 × 131 mm.

Buchon est passé à Argos en juillet 1841. La vue est prise du Nord-Est, mais avec un fort raccourcissement de la distance entre le monastère (sur le flanc Nord-Est de la Larissa, à droite) et le théâtre (sur le flanc Sud-Est, à gauche). Ce qui prend la colline en écharpe au-dessus du théâtre et ressemble à un mur n'est probablement que le sentier représenté à cet endroit par d'autres dessinateurs. Il en va de même pour l'élément comparable qui suit la pente de la colline à partir du monastère et ne correspond à rien de visible actuellement : on pensera qu'il s'agit du sentier d'accès aux bâtiments. Le résultat est un certain sentiment d'irréalité. De telles erreurs s'expliquent aisément : Buchon, très médiocre dessinateur, faisait mettre au net ses dessins par sa soeur qui, faute d'une connaissance personnelle des lieux, a pu se méprendre sur l'interprétation de détails peu reconnaissables sur les croquis de son frère.

Le texte de sa description note un peu plus de choses. D'abord, l'air d'aisance de la ville qu'il attribue à la culture du tabac : «deux ou trois maisons sont bien bâties et presque toutes possèdent un petit jardin. L'école publique et la caserne sont aussi de bons bâtiments.» Il signale quelques reliefs remployés dans la ville, y compris le relief de la Télésilla encastré dans la maison du général Tsokris (6 rue Karatza), qu'avaient déjà vu et dessiné les membres de la Mission de Morée, et qui s'y trouvait encore en 1979. C'est surtout la forteresse qui a intéressé cet esprit curieux de l'histoire de la Morée franque. Mais ce qu'il prend pour le château médiéval construit sur les ruines de la forteresse antique, c'est surtout la forteresse vénitienne, puis turque.

VI. Argos au milieu du XIXᵉ siècle

16. REY (Étienne), Théâtre d'Argos ; gradins taillés dans le roc,
18 septembre 1843.

> *Voyage pittoresque en Grèce et dans le Levant fait en 1843-44 par E. REY,
> peintre, & A. CHENAVARD, architecte, professeurs à l'École des Beaux-Arts de
> Lyon ... et DALGABIO, architecte. Journal de voyage. Dessins et planches litho-
> graphiées par E. REY.* Lyon, typographie Louis Perrin, lithographie Claude
> Bonnaviat (1867), pl. VIII. Lithographie, 261 × 188 mm.

1. Nauplie. 2. Fort Palamède. 3. Ruine de la salle à abside des
thermes [noter les restes de muraille émergeant du sol immédiatement
au Sud de la ruine]. 4. Théâtre, clairement divisé en trois sections.
5. Theatron à gradins droits ? 6. Église de la Théotokos au cimetière
Sud.
   Vue prise d'un point situé sur le flanc de la Larissa immédiatement au
Nord du théâtre, à la hauteur des gradins supérieurs. Les lignes horizon-
tales régulières sur le rocher au nº 5 sont probablement le souvenir du
theatron à gradins droits, mal situé, beaucoup trop haut et beaucoup
trop près du théâtre.

L'architecte Chenavard et le peintre Rey ont chacun publié un
volume de souvenirs de voyage ; ils sont également décevants. Il n'y
est guère question que de banalités, et c'est en fait le dessin de Rey
qui donne la meilleure image. On notera le point de vue très inhabi-
tuel, mais qui donne une impression juste de la situation d'Argos,
avec le brusque contraste entre la plaine et la colline de la Larissa, et
l'étendue vide entre les thermes et l'église de la Panaghia au cimetière
Sud, monuments isolés l'un et l'autre.

17. DU MONCEL (Théodore), Antiquités d'Argos.

> *Excursion par terre d'Argos à Nauplie : collection composée de 18 planches
> lithographiées et d'un texte explicatif avec des gravures sur bois ...* Paris, chez
> Gide et Compagnie (1845), pl. 15. Lithographie, 365 × 230 mm.

1. Citadelle. 2. Nymphée de la Larissa. 3. « Dans le profil de la montagne, le monastère de Catéchouméni. » 4. Aqueduc alimentant le nymphée. 5. Théâtre. 6. Ruine des thermes. 7. Mur appartenant au bâtiment
des thermes et ouverture donnant accès au souterrain Nord, que l'artiste
semble avoir visité. 8. Extrémité des gradins droits au-dessus de l'odéon.
9. Aqueducs ?
   Vue prise du Sud-Est. S'il s'agit bien d'aqueducs, les éléments 9 ne
peuvent appartenir à la même conduite que le tronçon 4. Ils paraissent

être placés trop haut pour être le prolongement de l'aqueduc du théâtre. S'agirait-il d'une conduite moderne?

Le point de vue est comparable à celui qu'avait choisi Cassas, mais le pan de mur vertical sur le côté Sud des thermes (à gauche du dessin de Cassas) n'est plus représenté; il serait du reste hors du cadre. Il avait alors disparu, entre 1802, date à laquelle l'Italien Sebastiano Ittar, qui travaillait pour lord Elgin, l'a représenté sur un plan, et 1829, où les membres de la Mission de Morée ne l'ont plus vu. La visite de l'artiste dans le souterrain Nord des thermes est rendue probable par un graffite mutilé où P. Aupert pense reconnaître son nom. Le texte descriptif est le plus souvent calqué sur celui de la Mission de Morée pour les monuments antiques. Il est plus original sur la ville moderne, où il signale la caserne de cavalerie et «beaucoup de jolies maisons», dont celle de Calergy. Il est aussi l'un des rares à parler des routes d'accès à Argos, et signale l'animation de celle qui mène à Nauplie : «toutes les heures, il part de l'une ou l'autre ville des espèces de coriolos comme à Naples, dans lesquels se pressent, sinon dix-huit personnes, du moins un assez grand nombre pour ne laisser aucun vide inoccupé.» Du Moncel passa à Argos en 1845; il avait alors 24 ans. Il se tourna cinq ans plus tard vers des études scientifiques, et termina sa vie comme ingénieur électricien.

18. PAPETY (Dominique), Argos, citadelle de Larissa, 16 juin 1846.

> Paris, Musée du Louvre, Cabinet des Dessins, RF 1773 (65). Lavis gris et rehauts blancs sur papier gris-vert, dessin à la mine de plomb, 305 × 198 mm.
>
> Vue prise de l'Est, de l'actuelle place du marché, d'un point de vue original. En silhouette sur l'arête Sud de la Larissa, l'église Ste Marine. Sur le flanc Nord-Est, au-dessus de la caverne, le monastère dans un creux du rocher et, plus à droite, son chemin d'accès. Au premier plan à gauche, l'angle de la caserne construite par Capodistrias. Sur le flanc de la montagne, à hauteur du toit de la caserne et jusqu'à l'ouverture de la caverne, l'aqueduc alimentant le nymphée.

Papety a laissé de nombreux dessins d'un voyage en Grèce où il a visité l'Épire et l'Acarnanie, les îles Ioniennes, le Péloponnèse, Athènes, la Grèce centrale (en particulier Delphes), et le mont Athos.

VII. Les derniers voyageurs

19. Belle (Henri), Vue d'Argos et du château franc de Larissa.

> Dessin de H. Belle, d'après nature, *Le Tour du Monde. Nouveau journal des voyages* 35 (1878), 1er semestre, p. 313 (la gravure est de F. Méaulle); reproduit dans *Griechenland in Wort und Bild : eine Schilderung des hellenischen Königreiches von Amand, Freiherr von Schweiger-Lerchenfeld. Mit 200 Illustrationen.* Leipzig, Heinrich Schmitt & Carl Günther (1882), p. 56. Gravure, 237 × 160 mm.

La vue est prise du Sud-Est, en gros sous le même angle que celle de Buchon dont elle paraît indépendante. A mi-hauteur, le monastère de la Panaghia. A gauche, en diagonale sur la colline, un sentier plutôt qu'un mur. Le dessin, fait d'après nature selon l'auteur, évoque une photographie : on pense à l'utilisation d'une chambre claire.

Belle était premier secrétaire de l'ambassade de France et a visité Argos à une date difficile à fixer entre 1861 et 1874. Son texte ne s'intéresse qu'à deux choses. La ville, d'abord, qui le surprend par son caractère campagnard : « Argos n'est qu'un grand village composé de maisons basses, mal bâties, entremêlées de jardins et de vergers où les orangers et les citronniers en fleurs, les églantines, les lauriers roses, les jasmins embaument l'air de leurs parfums. A un moment les haies font place à des clôtures en pisé, les maisons se rapprochent, s'alignent et forment deux ou trois larges rues où nous remarquons plus de mouvement. C'est le bazar. » L'autre point, c'est l'action militaire d'Ypsilanti dans la forteresse de la Larissa en 1822. Les antiquités ne l'intéressent visiblement pas, et il ne mentionne le théâtre qu'en passant : d'où le point de vue choisi pour son dessin, où n'apparaissent que les éléments qui ressortent de son texte : l'organisation de la ville, avec beaucoup de vides et de végétation, et la forteresse au sommet de la Larissa, qu'il appelle du reste mont Chaon.

20. Avelot (Henri), Argos (1897).

> *Autour de la Méditerranée. Les côtes orientales : l'Autriche et la Grèce. De Venise à Salonique, par Marius Bernard.* Paris, Henri Laurens (1899?), p. 235. Gravure, 175 × 122 mm.

Dessin très semblable au précédent, ce qui peut s'expliquer par l'utilisation d'une chambre claire et éviterait l'hypothèse d'un plagiat. L'avant-plan paraît être de fantaisie, le reste est traité d'une

façon floue. A cette date, le dessin a cédé la place à la photographie.
Le texte de l'ouvrage dans lequel cette gravure est publiée ne consiste
qu'en une suite de banalités ou d'erreurs, et l'ensemble forme comme
une caricature des intéressants récits publiés dans la première moitié
du siècle.

21. CAMBOURNAC (Henri), Argos.

> *Voyage aux sept églises de l'Apocalypse, par l'abbé E.* LE CAMUS. Paris
> (1896), p. 81.

L'abbé Le Camus voyageait en compagnie de son neveu H. Cambournac, l'auteur probable de la photographie (l'abbé le déclare
photographe) et d'un de ses confrères, M. Vigouroux, connu par le
Dictionnaire de la Bible. Le texte, aussi verbeux que banal, évoque
l'aspect prospère de la ville, son musée qui le déçoit, sa cathédrale
«nouvellement rebâtie». Le seul bâtiment qui le retient est le théâtre,
où il compte soixante gradins en trois étages, et dont il note les pro-
portions étroites de la *cavea.* En somme, la photographie, avec le
théâtre et l'acropole, résume bien l'impression que donne aussi le
texte.

Crédit photographique

1, **2**, **6** : Bibliothèque Nationale, Paris (Département des Manuscrits).
3 : Bibliothèque Nationale, Paris (Cabinet des Estampes).
4, **5 a-b**, **18** : Musée du Louvre, Paris (Cabinet des Dessins).
7 : Bibliothèque Nationale, Paris (Département des Cartes et Plans).
8, **19**, **20** : Bibliothèque Gennadios, Athènes.

Nous remercions la Bibliothèque Nationale, le Musée du Louvre et la Bibliothèque Gennadios de nous avoir donné l'autorisation de reproduire ces œuvres.
Tous les autres clichés — sauf le nᵒ 9, d'Éléni Maligoura — sont de Philippe Collet (EFA).

Les **croquis d'interprétation** sont l'œuvre de Nikolaos Sigalas (EFA).

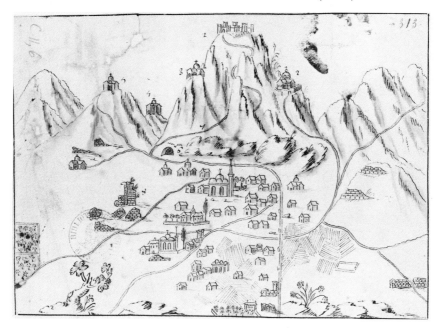

1. — M. Fourmont, *[Vue d'Argos]*.

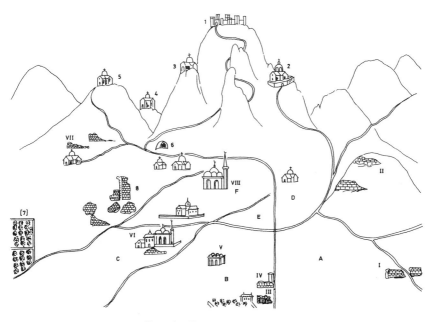

Croquis d'interprétation de 1.

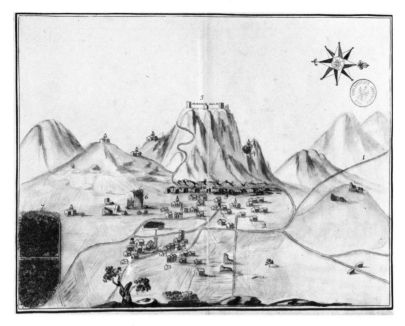

2. — [M. Fourmont], *Topographia urbis Argos et viciniae.*

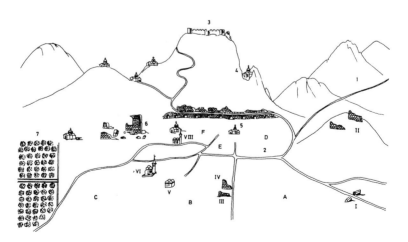

Croquis d'interprétation de **2**.

3. — L. Fauvel, *Ruines de la salle d'audience et du théâtre d'Argos*.

Croquis d'interprétation de **3**.

4. — L. F. Cassas, *Vue d'un monument en briques au Sud d'Argos, prise de l'Est.*

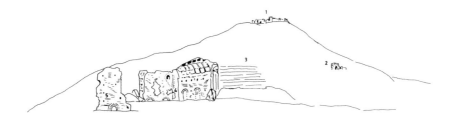

Croquis d'interprétation de **4**.

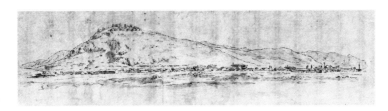

5. — L. F. Cassas. a. *Ruines d'Argos prises de l'Ouest*; b. *Argos prise à l'Est*.

a

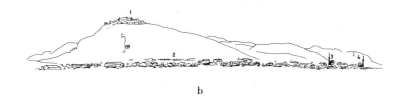

b

Croquis d'interprétation de **5**.

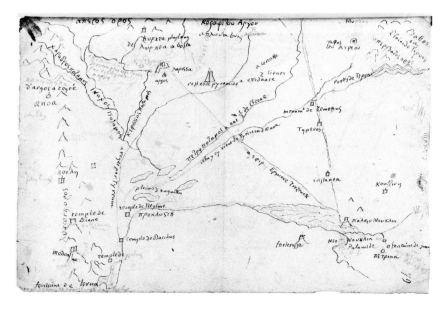

6. — M. Fourmont, *[Carte de la plaine d'Argos]*.

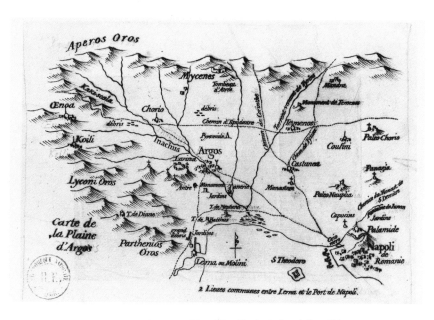

7. — J.-B. Bourguignon d'Anville, *Carte de la plaine d'Argos*.

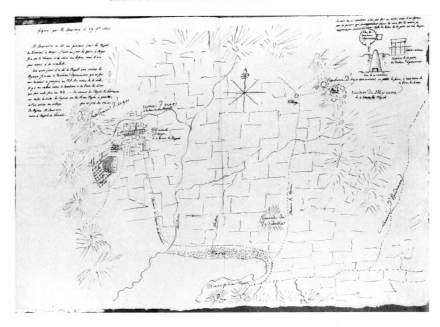

8. — J.-D. Barbié du Bocage, *[Argolide]*.

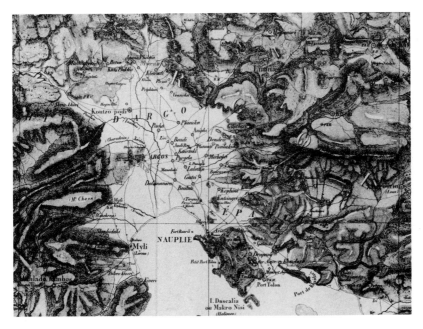

9. — *[Carte de la plaine d'Argos, d'après les travaux de la Mission de Morée]*.

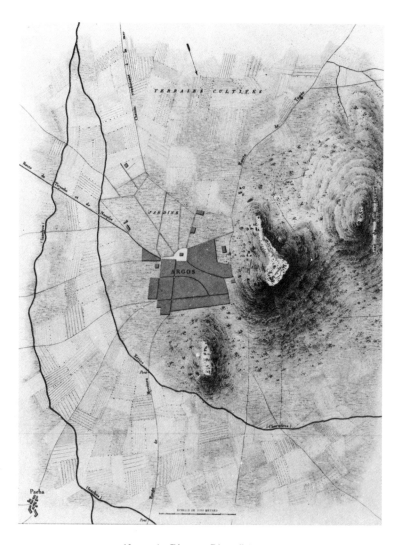

10. — A. Blouet, *Plan d'Argos*.

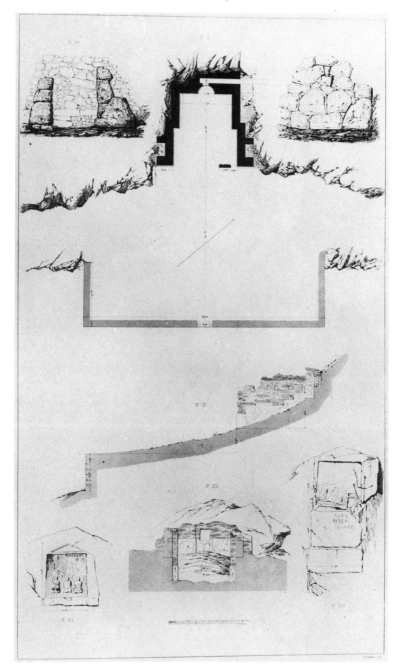

11. — A. Blouet, *Argos*.

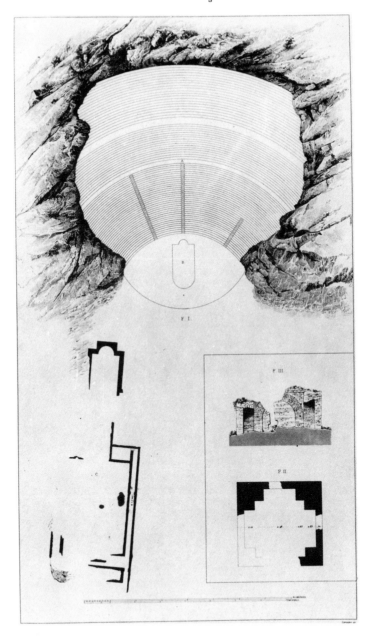

12. — A. Ravoisié, *Argos*.

13. — A. Ravoisié et A. Poirot, *Argos.*

14. — A. Blouet, *Argos*.

15. — J.-A. Buchon, *Château des barons francs d'Argos de la maison d'Enghien*.

16. — É. Rey, *Théâtre d'Argos ; gradins taillés dans le roc.*

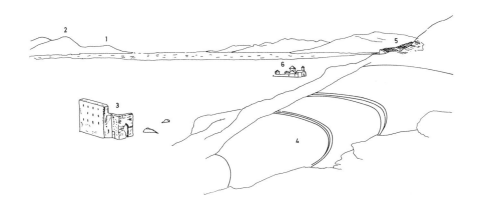

Croquis d'interprétation de **16**.

17. — Th. Du Moncel, *Antiquités d'Argos*.

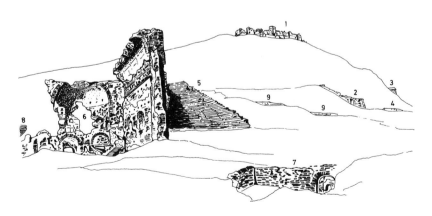

Croquis d'interprétation de 17.

18. — D. Papety, *Argos, citadelle de Larissa*.

19. — H. Belle, *Vue d'Argos et du château franc de Larissa.*

20. — H. Avelot, *Argos.*

21. — H. Cambournac, *Argos*.

LISTE DES ILLUSTRATIONS

17. Th. du Moncel, *Antiquités d'Argos.*
Croquis d'interprétation de **17.**

18. D. Papety, *Argos, citadelle de Larissa.*

19. H. Belle, *Vue d'Argos et du château franc de Larissa.*

20. H. Avelot, *Argos.*

21. H. Cambournac, *Argos.*

TABLE DES MATIÈRES

LAVAUZELLE GRAPHIC
Imprimerie A. Bontemps
87350 Panazol (France)
Dépôt légal : Décembre 1993
N° imprimeur : 2504/2-93